여름이
찰랑찰랑

북보니 계절 산문 시리즈 01

여름이
찰랑찰랑

박지윤 산문집

북보니

차례

○ 비밀스러운 계절

여름과 나 　　　　　　　　11

희고 붉은 무늬 　　　　　　14

스무 살 선생님 　　　　　　26

겨울을 위한 여름 　　　　　38

비 오는 숲 산책 　　　　　　42

○ 여름날의 사생활

토마토 　　　　　　　　　　51

여름날의 축구 경기장 　　　58

미국, 잠자리, 미트볼 　　　66

가장 뜨거울 때 만난 사람들　74

고흐와 밤하늘 　　　　　　　80

○ 여름 여행

한여름을 걷는 시간 87

포지타노 100

생생하고 맑은 기쁨 106

결국 부산 114

빗소리와 키위가 올라간 조각 케이크 118

○ 새로운 여름

문장 채집 127

아마 늦은 여름이었을 거야 132

파도처럼 밀려드는 시간 앞에서 134

7월에는 바닷가에 집 한 채를 빌리고 138

햇빛 즐기기 142

○ **작가의 말** 148
○ **부록**

비밀스러운 계절

여름과 나

 겨울이 오면 활기찬 여름 풍경이 되고, 여름이 오면 가만한 겨울밤이 되는 나. 해가 짧아지는 나날에 조용히 저무는 하루를 반가워하는 나. 얼어붙을 듯한 공기를 들이마시며 쉽게 들뜨는 나. 벼르던 일을 시작하는 기분으로 새하얗게 가라앉은 거리를 힘차게 걷는 나. 열기와 온기를 넘나들면서, 푸른 이파리처럼 흔들리는 나. 늘어지는 낮 동안 이따금씩 상념에 사로잡히는 나. 싱싱한 뙤약볕 아래 흘러넘치는 소란을 얌전히 관조하는 나. 물속을 유영하는 마음으로 눈부신 나무 그늘에 웅크리고 앉는 나.

지난날들, 겨울과 여름 속 나를 돌아본다.

겨울에 태어나서 겨울을 좋아하는 걸까 생각하다, 유독 그 계절에 많이 웃고 울었던 나에게 닿는다. 여러 겨울날의 기억에 남아있는 솔직하고 자연스러운 나를 마주한다. 기쁨과 슬픔, 그 사이의 다채로운 감정까지 모두 끌어안은 모습. 내가 그토록 겨울을 사랑하는 건 가장 나다워지기 때문인지도 모른다.

그럼 여름은 어떤가. 왠지 스스로를 비밀에 부치는 기분이 든다. 나의 깊은 내면은 그 이유를 알고 있지만 모르는 척을 해서, 나는 오랫동안 여름과 거리 두기를 해왔다. 여름도 나와 놀아줄 마음은 없다고 여기며.

그러나 잊을 만하면 다가와 늘 같은 자리에서 얼쩡거리는 이 계절. 나는 결국 그 한결같음에 풍덩 빠지고 말 거라는 묘한 예감을 느낀다.

속마음은 이미 해제되었다. 여름이 오면 가만한 겨울밤이 된다는 말이 여름과 나의 전부일 리 없다. 수많은 여름날의 기억을 가까이서 들추고 싶어진다. 가장 나다웠던 여름, 나 자신이 사랑스러웠던 여름을 발견하고 싶다.

그리하여 이 계절과 나의 관계를 새로이 하고 싶다.

다시, 여름과 나를 곰곰이 더듬어 보기로 한다.

희고 붉은 무늬

1

열 살 무렵 초여름, 학교 복도. 맞은편에서 또래 아이 두 명의 말소리가 들려왔다.

"쟤, 화장한 거야?"
"아이새도 발랐나 봐!"

나를 보고 하는 말이었다. 나는 아무렇지 않은 척 그들을 당당하게 쳐다봤다. 그들은 자기들보다 어린 애가 기죽지도 않고 똑바로 보자 기분이 상했는지 눈에 힘을 잔뜩 주며 째려보았다. 그러더니 귓속말로 뭐라 뭐라 속닥거리며 지나갔다. 무례한 행동에 기분이 나빴지만 나는 아무 말도 하지 않았다. 그들의 눈에는 그렇게 보이겠다는 생각을 하면서 가던 길을 마저 걸었다.

긴 복도를 지나 모퉁이를 돌자 벽면에 붙어 있는 거울이 눈에 들어왔다. 거기에 비친 내 얼굴은 언뜻 눈두덩에 작은 토마토 두 개를 올려놓은 듯 보였다. 가까이 다가가 자세히 바라보았다. 방울토마토가 물든 것처럼 울긋불긋한 두 볼. 얼굴에 손을 가져다대지 않아도 열기가 느껴졌다. 어쩌면 내 몸에는 따뜻한 토마토들이 살고 있는지도 몰랐다.

꽃가루가 날리는 5월부터 도진 아토피였다. 신생아 때 있었던 태열이 몇 년 후에는 아토피로 진단되고, 초등학생이 되어서는 그 상태가 나아졌다 나빠지기를 반복했다. 가을과 겨울에는 건조해서, 봄에는 꽃가루 때문에, 여름에는 너무 더워서 문제였다. 큰 고통은 가려움이고,

그보다 더 큰 고통은 가려움을 참아야하는 것이었다. 그러지 않으면 고통의 시간이 연장된다. 정말이지 혹독한 질환이다.

"너는 피부가 하얘서 좋겠다!"
"피부 결이 되게 부드럽네!"
 증상이 잠잠할 때는 피부에 관한 칭찬을 곧잘 들었다. 아토피가 심한 모습을 보지 못하고 진심으로 부러워하는 애들이 있었다. 나는 그런 칭찬을 들어도 마냥 기쁘지만은 않았다. 희고 고운 피부가 또 언제 붉은 무늬로 변할지 알 수 없었기 때문이다. 상처가 눈에 잘 띄지 않고 덜 아파 보이도록, 차라리 피부 톤이 원래 붉거나 어두웠으면 나았겠다는 생각을 자주 했다. 남들이 좋게 봐 주는 나의 모습을 나는 외면하고 싶었다.

 당시에 전신 중증 아토피는 아니었지만 팔과 다리의 접히는 부분과 손에 나타난 증상이 오랫동안 계속되고 있었다. 자면서 나도 모르게 환부를 건드리는 바람에 상처가 더 악화되었기 때문이다. 그래서 긁지 못하도록 장갑을 끼고 자기도 했다. 얼굴은 희한하게 꼭 무슨 날만 되면 뒤집어졌다. 명절, 결혼식, 학교 행사나 사진을 찍는 날 하루 이틀 전부터 예열이 되듯 희불그레한 얼굴이 되었다. 즐거운 시간을 온전히 즐겁게 느끼지 못할 때가 많았다.

 어떤 어른들은 나를 볼 때마다 피부 얘기부터 꺼내곤 했다. "피부는 아직도 그러니?" 심지어 이십여 년이 지난 지금까지도 그렇게 묻는다. 내가 괜찮다고 하면 '잘 지내서 다행'이라고 한다. 피부가 잘 지내면 나도 잘 지낸다고 생각하나 보다. 걱정하는 마음은 알지만 상처를 떠올려 제 입으로 말하게 하는 안부는 그리 달갑지 않다. 정말 그 사람의 안위를 묻고 싶다면 '요즘 어때?'라는 말로도 충분하다.

 현재 우리나라 아토피 환자의 수는 거의 백만 명인데, 그때만 해도 주위에 나와 같은 증상을 가진 사람을 찾기가 어려웠다. 그만큼 생소한 질환이었다. 그럼에도 주변에 나를 난처하게 만드는 사람들이 별로 없었던 건 큰 복이었다. 학교에서는 아무도 아토피를 신기해하거나 놀리지 않았다. 내가 나를 감추고 싶었을 뿐. 단 한 번의 예외라면 초여름의 그 날, 복도에서 만난 두 사람이다.

 그 둘은 나보다 한 학년 위였다. 나를 화장하고 다니는 애인 줄 알고 계속 아니꼽게 여겼는지, 그들은 2년 뒤 잊지 못할 사건을 벌였다. 내가 전교 부회장 후보에 출마했을 때였다. 학교 곳곳에 공약 포스터가 붙은 다음 날, 홍보를 도와주던 친구들이 다급하게 나를 찾아왔다. 글쎄 내 포스터만 누군가 망쳐 놓았다는 것이다. 가 보니 정말 다른 후보자들의 포스터는 멀쩡하고 내 것만 처참히 찢겨 있었다. 그것도 사진 위주로. 웃고 있는 내 얼굴이 조각나 있는 모습에 나는 큰 충격을 받았다. 내가 누군가에게 미움의 대상이라는 사실이 눈앞에 적나라하게 펼쳐져 있었다. 무방비로 당해 얼떨떨한 기분과 당혹감에 휩싸여 한참을 서 있기만 했다. 친구들의 위로를 받고, 다시 포스터를 꾸며 붙여 놓았지만 선거를 포기하고 싶다는 생각이 들 정도로 마음이 무너져 버렸다. 누가 그랬는지 궁금하면서도 알기가 겁났다.

그런데 다음 날 하굣길에 우연히 범인을 직접 목격하게 되었다. 학교에서 좀 노는 언니들이 어제의 사건 현장에 모여 있었는데, 문제의 두 사람이 새로 붙인 내 포스터를 뜯고 있는 것을 보게 된 것이다. 실시간으로 찢기는 내 사진을 보고 있자니 가슴이 쿵쾅거렸다. 실제로 두들겨 맞는 것처럼 마음이 아팠다. 대체 왜 내가 그들의 타깃이 된 걸까 생각했다.

시간이 조금 지나고, 그들과 2년 전 복도에서 마주친 기억을 떠올렸다. 아, 나를 단단히 오해하고 있구나. 피부 때문에……

말 한 번 섞지도 않은 사람에게 그토록 미움을 살 수 있다는 것을 그때 처음 경험했다. 그리고 내 뜻과는 전혀 관계없이 발생한 그 원인 앞에서 무력감을 느꼈다. 지금의 나라면 복도에서 겪었던 그들의 무례와 뒤에서 똘똘 뭉쳐진 오해를 진즉에 해소하려 했겠지만, 어린 나에게는 막막한 일이었다. 오해를 풀 기회도, 일일이 내 상황을 설명할 자신도 없었다. 나의 희고 붉은 무늬에 대해 이야기한다고 한들 이해받지 못할 것이었다.

2

 그해 같은 반이었던 친구 H가 생각난다. 곰 인형처럼 동그랗고 까만 눈동자를 지닌 단발머리의 귀여운 아이였다. 우리는 그 시절에 유행했던 만화 <방가방가 햄토리>를 본 후기를 재잘재잘 나누면서 친해졌다. 둘 다 외동이라는 공통점도 있어서 금방 가까워졌다. H는 주변 친구들을 조용히 관찰하는 습관이 있었다. 그럴 때마다 나는 그 아이가 무슨 생각을 할까 궁금했다. 잘 웃고 상냥했지만 속으로 어떤 생각을 하는지는 잘 말해주지 않았던 기억이 난다.

 하루는 하굣길에 H가 자신의 집에서 놀자는 제안을 했다. 부모님이 집에 안 계셔서 혼자 있기 심심하다고 했다. 나도 어차피 집에 가면 혼자니까 거절할 이유가 없었다. H의 집은 우리 집과 완전히 반대 방향에 있었다. 그 애는 내가 길을 잘 모를까봐 나중에 우리 집까지 데려다 주겠다고 했다. 친구였지만 가끔은 언니처럼 느껴지는 아이였다.

휴대폰이 없던 시절이라 나는 H의 집에 도착해서 유선 전화기로 엄마에게 상황보고를 했다.

"엄마, 나 H네 놀러왔어!"

H는 내가 통화를 하는 모습을 빤히 바라보고 있었다. 그 아이가 사람을 관찰할 때 짓는 특유의 표정이 있었다. 눈을 끔뻑거리며 무언가 말하고 싶어 하는 듯한……

내가 전화를 끊자 H가 요구르트를 건네며 말했다.

"지윤아. 너는 좋겠다."

"응? 뭐가?"

"엄마가 있어서."

나는 순간 무슨 말을 할지 몰라 쳐다보기만 했다.

"나는 아빠하고만 살거든."

"……"

"이혼해서."

당시 나는 이혼의 개념을 아예 모르는 아이였다. 엄마와 아빠와 내가 한 가정을 이루고 살듯 다른 집들도 다 똑같을 거라 생각했다. 아니, 다양한 가정의 형태가 있다는 것을 그 이전까지 나는 한 번도 생각해 본 적 없었다.

"그럼 엄마는 언제 만나?"

"한 달에 한 번 만날 수 있어."

H는 내가 늘 궁금했던 표정의 비밀을 알려주듯 이야기를 풀어 놓기 시작했다. 자신의 부모가 언제, 왜 이혼을 했는지, 엄마 아빠가 싸울 때마다 기분이 어땠는지, 왜 다 같이 살 수 없는지...... 속마음에 오랫동안 쌓여 온 비밀 일기를 읽어주는 그 아이를 나는 가만히 바라보았다.

"나는 엄마랑 살고 싶어."

말을 이어가다 우는 H의 등을 토닥여 주면서, 혹여 나의 말이 그 애를 더 슬프게 할까 싶어 아무 말도 하지 못했다. 그 순간 어떤 말을 건네면 좋았을까. 경험하지 않은, 상상하지도 못한 일에 대하여 내가 할 수 있는 말은 몇 안 되었다. 그랬구나. 나라도 그랬을 거야. 너 정말 힘들었겠다......

당시에 내가 썼던 일기에는 이렇게 쓰여 있다.

'어쩌면 우리는 비슷하다는 생각이 들었다.'

예민하고 연약한 피부로 남모르게 아파하던 나. 아무런 준비 없이 겪은 이별에 일찍이 외로움 안에 살던 H. 눈에 보이지 않지만 그 아이도 가슴속에 희고 붉은 무늬를 지니고 있음을, 그때의 나는 어렴풋이 느꼈던 것 같다.

"이거 가져."
H가 나에게 <방가방가 햄토리> 만화책을 건넸다.
"이걸 왜? 너희 아빠가 생일 선물로 사주신 거라며."
"난 다 읽었어. 너도 보고 싶다 했잖아."
나는 빌려 읽고 며칠 뒤에 돌려주겠다고 했다. H는 그럴 필요 없다며 내 가방에 책을 직접 넣어 주었다. 그러고는 나를 집까지 데려다주겠다고 했다. 길을 잘 몰랐던 나는 큰 길까지만 같이 가자고 했는데, 어쩌다 보니 진짜 우리 집 앞까지 오고 말았다. 그 애가 혼자 집으로 돌아가서 얼마나 쓸쓸했을지...... 여름의 해는 늦게 저물어서 그나마 다행이었던가.

나의 의지와는 상관없이 형성되는 삶의 부분들이 있다. 부모님, 가정환경, 타고난 신체...... 애초부터 거저 주어진 삶에 크고 작은 선택을 하며 인생의 모양을 갖춰 가지만 나 자신이 완전히 내 뜻대로 존재하기란 쉽지 않다.

 원한 적 없던 시간을 견디는 것. 때로는 누군가에게 나를 설명해야 하는 상황에 놓이고, 때로는 나의 힘으로는 어쩌지 못하는 것들에 나풀거리기만 해야 하는 것. 우리의 희고 붉은 무늬, 그 은밀한 슬픔은 깨끗이 사라지지 않는다. 덮이거나 옅어지거나, 더 많은 슬픔을 껴안을 수 있게 될 뿐이다.

스무 살 선생님

열어 놓은 창문 틈으로 가느다란 바람이 들어온다. 봄에서 벗어나지 못한 어린 바람. 꼭 그때의 이야기가 실려 있는 듯하다. 2011년 겨울에 만나 이듬해 여름에 흩어진, 별났던 우리의 이야기.

대학생이 되자마자 한 중학교에서 첫 아르바이트를 시작했다. '방과 후 학교 선생님'으로 채용된 나는 기초 학습이 필요한 학생들에게 국어, 영어와 수학을 가르치게 되었다. 학창 시절 국어와 영어 과목을 제일 좋아해서 열심히 공부했기에 도움을 줄 자신이 있었지만, 수학은 그렇지 않았다. 내가 누군가에게 수학을 알려준다니, 좀 웃기는 일이라 생각했다. 학교 측은 중학교 1학년 수준의 교육이므로 어렵지 않을 거라고 했다. 그래도 나는 걱정이 되어 교육 가이드라인을 따라 수업을 꼼꼼하게 준비했다. 정해진 교재가 없어 직접 과목별 학습 자료집까지 만들었다. 고등학교를 졸업한 지 한 달도 안 됐는데 또 공부하는 느낌이 들어 귀찮기도 했으나, 마음 한편에는 일종의 책임감이 끓어오르고 있었다. '선생님'이라는 직명의 무게 때문이었을까.

처음 출근한 날. 제일 먼저 교무실에 들러 수업 계획서와 학습 자료집을 담당 교사에게 제출하고 근무 일지를 챙기고 있었다.
"박지윤 선생님."
갑자기 긴장이 되었다. 아직도 고등학생 같은 내가 선생님이라 불리는 것도 민망했다.
"음, 이렇게……"
학습 자료집을 보던 담당 교사가 말끝을 흐렸다. 나는

다음 말을 기다렸다. 그러나 그녀는 오묘한 표정으로 말을 할 듯 말 듯 계속 시간을 끌었다. 내가 왜 그러느냐고 묻자 싱거운 웃음을 짓더니 이내 별다른 말없이 자리를 떠나버렸다. 순간 머릿속에 물음표가 마구 솟아났다. 말을 하다 마는 것만큼 찝찝한 게 없는데!

 다행인지 불행인지, 그 찝찝한 궁금증은 교실에 들어간 지 5분 만에 해소되었다.
 내가 가르치는 학생은 1학년 세 명, 2학년 한 명, 3학년 두 명으로 총 여섯 명이었다. 인사와 자기소개를 할 때까지 얌전했던 그들은 학습 자료를 받자마자 본색을 드러냈다. 1학년 남학생 둘은 연필과 지우개를 정신없이 굴리고 튕기며 놀았고, 2학년은 실눈을 뜬 채 꾸벅대다가 제바람에 놀라 몸을 들썩였다. 그나마 3학년들은 조용했는데, 알고 보니 책상 밑에 휴대폰을 숨겨 놓고 게임을 하고 있었다. 맨 앞자리에 앉은 1학년 여학생 혼자 나에게 집중해주어 고마웠다. 그런데 과하게 맑은 눈빛에, 왠지 이 아이도 범상치 않겠다는 직감이 들었다. 아니나 다를까 자꾸 내 말을 자르며 뜬금없는 얘기를 했다. 이를 테면 "선생님, 선생님! 내일 급식 뭐 나올지 알려드릴까요?"와 같은……

 아이들은 자기 자리를 지키면서도 온몸으로 수업을 거부하고 있었다. 내가 성심껏 준비한 학습 자료집을 펼치는 아이는 아무도 없었다. 담당 교사가 나에게 하려던 말이 무엇인지 깨달았다. 그건 "이렇게까지 안 하셔도 되는데"였다.

 담당 교사는 내가 맡은 아이들을 소위 '문제아'로 간주하고 있었다. 큰 말썽을 피우지는 않지만 학습 능력이 부족해 동급생들보다 뒤처지거나, 성격과 행동에 특이점이 있어 대하기가 까다로운 학생. 제때 신경을 써야 했는데 누구도 제대로 신경 쓰지 않아 문제를 겪게 된 그들에게 그녀는 별다른 관심과 기대를 갖고 있지 않았다. 그래서 학습 자료에 아무리 공을 들여 봤자 소용없다고 여겼던 것이다.

 아닌 게 아니라 그녀는 종종 내 앞에서 기초 학습반 운영에 대한 회의적인 시각을 서슴없이 내비쳤다. 그녀가 아이들을 무시하는 마음은 나를 대하는 태도에서도 은

연중 드러났고, 교무실에서 나는 어떤 소외감과 불편을 느끼곤 했다. 처음에는 방과 후 학교 선생 중 내가 가장 나이가 적고 경험이 없어서 그런 줄 알았는데 아니었다. 담당 교사에게는 그 아이들이, 이 일에 관한 모든 것이 그저 귀찮은 업무일 뿐이었다.

내가 있어야 할 곳에서 주어진 만큼만 하고, 정해진 시간을 채우면 어차피 월급은 나온다. 너무 열심일 필요 없고, 일은 '적당히' 잘하면 된다...... 이런 생각으로 임했다면 좀 더 편했겠지만 당시 나는 '이렇게까지 안 해도 될 일'에 진심이었다. 누군가는 꼭 해야 할 일을 내가 맡게 되었다면, 또 나를 필요로 하는 사람들이 있다면, 최선을 다해 잘해내는 게 맞다 생각했다. 여전히 그렇긴 해도, 이제는 상황에 따라 요령껏 대충해도 되는 일은 대충할 줄 안다. 그래도 괜찮다는 것을 여러 번 경험했기 때문이다.

그러나 그때는 알 수 없는 오기까지 발동했다. 적당히 준비하고, 적당히 시간을 때우다 가는 건 너무 무의미한 일처럼 느껴졌다. 이왕 하는 일, 끝까지 성의 있게 해야겠다고 다짐했다. 2주차부터는 비효율적일지라도 아이들의 학습을 한 명씩 봐 주는 방식으로 수업을 진행했다. "7분만 집중하자!"는 말이 효과가 있었다. 아이들은 딴 짓을 하다가도 자기 차례가 되면 자세를 바로 하고 내 말에 귀를 기울였다. 가끔 간식거리를 나눠주면 분위기가 아주 평화로웠다. 근무 일지에 학생들의 학습 태도가 나아지고 있다고 적었다. 담당 교사는 심드렁했다. 꽃샘추위로 변덕스럽던 봄이 빠르게 지나가고 있었다.

"어? 박지윤 선생님이다아아아!"

멀리 복도 끝에서 3학년 A와 B의 우렁찬 목소리가 울려 퍼졌다. 나는 조용히 하라는 시늉을 하며 교실로 냉큼 들어갔다. 근무한 지 몇 달이 지났는데도 선생님이라 불리면 왜 그렇게 낯간지럽던지!

밖에서 공을 차다 온 듯한 A와 B가 땀을 삐질삐질 흘리며 뒷문으로 들어왔다.

"쌤, 우리가 부끄러워요?"

"야, 우리 목소리가 커서 그럴 걸."

둘은 잠깐 있다가 나갈 사람들처럼 의자에 걸터앉았다.

"쌤도 더우시죠? 이런 날씨에는 공부가 잘 안 돼요."

"그러게. 너무 덥지? 시원한 교실이 최고야. 근데 너희 원래 공부 안 하잖아."

"쌤 안 볼 때 열심히 하죠. 저희도 3학년인데."

"이제 좀 있음 고딩 되니까 일찍 끝내주시면 안 돼요?"

A와 B는 맥락도 통하지 않는 말들을 능청스레 툭툭 던지는 애들이었다. 그동안 수업에 아예 오지 않은 적도 몇 번 있었는데, 한번은 내가 "너희들이 없으니까 수업이 안 된다"고 하자 그 후로는 못 이기는 척 꼬박꼬박 출석했다. 와서는 1, 2학년들을 보살피는 시늉을 하면서 으스댔다. 그러면서 당당히 수업 단축을 요구하기까지! 언제나 공부할 마음은 없어 보였지만 나는 그들이 수업에 오는 것만으로 만족하고 있었다. 나머지 아이들도 마찬가지였다. 어떤 때는 그들이 배우는 게 아니라 내 일을 돕기 위해 자리를 지켜주고 있다는 느낌이 들기도 했다. 하지만 이런들 어떠하고 저런들 어떠하리. 우리에게는 학습 성과를 낼 욕심보다 각자의 역할에 충실한 태도를 갖추는 게 훨씬 중요했다.

"쌤, 그럼 오늘은 영어 단어만 외워요!"

아이들이 유일하게 흥미를 느끼는 과목은 영어였다. 실제로 내가 중고등학생 때 영어 단어를 외우던 독특한 방식을 알려주었더니 마음에 들었는지 곧잘 집중했다. 그 암기법은 좀 엉뚱하고 썰렁하게 들려도 효과는 좋았는데 예를 들면 이런 식이다.

"너희 무슨 하드 좋아해?"

"메로나요."

"냉장고에서 바로 꺼내면 단단해, 물렁해?"

"단단해요."

"그렇지. Hard는 '단단한' 거야. 그런데 오늘 같이 더운 날 먹으면 어떻게 돼?"

"금방 녹아요."

"그럼 흘러내려서 먹기 어렵잖아? 그래서 hard는 '어려운'이라는 뜻도 되는 거야."

"쌤, nap은 어떻게 외워요?"

"모르겠으면 낮잠이나 자라!"

"…… 넵! 으하하하하!"

학교의 영어 선생님이 보셨다면 어이없었을 것이다. 하

지만 싱거운 언어유희로 외운 단어를 아이들은 절대 잊어버리지 않았다. 1분 전에 말한 것도 까먹는 그들이 말이다. 3월에 외운 것을 6월에도 기억하고 있을 때 얼마나 뿌듯하던지! 3학년들은 시험에 아는 단어가 나와서 정답을 맞혔다는 소식도 들려주었다.

  아이들은 알았을까. 당장은 아닐지라도, 미미한 변화를 계속 경험하다 보면 놀랍도록 발전한 자신을 발견하는 순간이 온다는 것을? 돌이켜 보면, 그땐 나도 몰랐던 것 같다.

  여름날 학교에서는 생기발랄한 냄새가 났다. 교정의 싱그러운 나무 냄새, 운동장의 텁텁한 흙냄새, 복도에서 나는 쇠 냄새, 교실에서 풍겨오는 책 냄새와 새콤달콤한 군것질 냄새가 마구 뒤섞여 있었다. 향기롭지도 않은데 출근할 때마다 코로 숨을 크게 들이쉬면 기분이 좋았다. 근무할 날이 얼마 남지 않은 무렵이었다.

  아이들도 왜인지 마음이 붕 떠 있었다. 말도 없이 여섯 명 모두 수업을 빠진 날도 있었다. 황당했지만 그 시간에 대학교 기말 과제를 할 수 있어서 오히려 좋았다. 어떤 날은 아이스크림을 먹으며 함께 수다를 떠느라 수업 시간이 다 갔다. 한 번쯤 이런 날도 있어야 한다며, 아이들과 스무 살 선생은 철없는 단체 합리화를 했다.

"학교가 저희한테 무슨 기대를 하긴 할까요?"
 그날 A가 했던 말이 문득 떠오른다. 농담처럼 얘기했지만 학교에서 우리가 무얼 하는지, 공부를 어떻게 하고, 얼마나 잘하고 있는지 관심을 보이는 사람은 없었다. 그러나 정말 그랬을까? 관심을 드러내지 않고 지켜보는 사람도 있었을 것이다. 학교니까, 누구라도 있었어야 한다. 내가 너희한테 기대를 하고 있지 않느냐고 답할 걸 그랬나. 당시에는 미처 내가 해줄 수 있는 말이 있을 거라는 생각을 하지 못했다.
 학교 교육은 '개별적인 격려'가 결여되기 쉽다. 학교는 양질의 교육을 제공한다고 하지만 학생 개개인은 학교로부터 충분한 지지를 받는다고 느끼지 못한다. 학생 수는 많고 교사는 상대적으로 적은 구조상 어쩔 수 없다고 본다. 학생들을 진정으로 위하는 교사라도 현실적으로 일일이 살피기는 불가능하다. 결국 학생 각자 알아서 잘

해야 하는데 가정과 학교, 그 어디에서도 애정 어린 보살핌을 받지 못하고 소외감을 겪는 아이들에게는 특히 어려운 일이다. 어른이 되어도 스스로를 북돋우는 일은 만만치 않지만...... 아이들이 일찍부터 자기 자신을 포기하는 감정을 쉽게 느끼지 않도록, 학교 그리고 어른들은 부단히 마음을 써야 한다. 어릴 때 경험하는 정신적 지지와 격려는 곧 무엇이든 할 수 있다는 긍정의 힘이 되어 오랫동안 삶을 지탱해주니까.

여름 방학을 앞두고 어느덧 마지막 수업이 찾아왔다. '7분만 집중하자'는 말을 하지 않아도 그 이상의 시간에 몰입할 줄 알고, 맛있는 간식으로 유인하지 않아도 아이들은 자발적으로 공부할 자세를 취했다. 내 수업으로 기초학습 능력이 얼마나 향상되었는지는 모르지만 처음에 비해 학습 태도가 나아진 건 분명했다. 지금의 나라면 아이들에게 아낌없이 칭찬을 해 줄 텐데, 스무 살의 나는 잘 몰랐다. 시간이 많이 흘러 이토록 긴 글을 쓰며 겨우 그 모습을 제대로 알아본다.

수업을 마치자 아이들은 인사를 하고 룰루랄라 교실 밖으로 나갔다. 우리의 긴 여정은 그렇게 시원하게 끝이 났다. 시원섭섭한 게 아니고, 정말 시원했다! 마지막이라고 특별할 것 없이.

 책만 펴면 잠이 온다, 책을 보는 게 싫다, 책 읽는 건 너무 어렵다고 푸념하던 아이들. 십 년도 더 지난 지금, 이 책에 자신이 등장한 사실을 알게 되면 어떤 반응을 보일까? 이 책만큼은 읽고 싶어 할까?

겨울을 위한 여름

 12월에 파리로 떠나는 항공권을 샀어요. 크리스마스와 연말연시를 파리에서 보내며 정신없이 즐거운 나날을 보낼 거예요. 하루하루 비행하듯 지냈던 시간은 그 먼 나라에서 감쪽같이 정리될 고요. 난기류에 휩쓸리는 일은 이제 없을 거예요.

 이런 기대를 하면서 여름을 살아요.

 그곳의 여름은 참 좋았어요. 그러니 거기 남아 있는 우리의 잔상을 다시 보러 가야 해요. 혹 지금의 모양과 맞지 않더라도 슬퍼하지 않을 거예요. 그때는 그때고 지금은 지금이니까.

여름다운 여름을 보냈지요. 우리가 그 계절과 닮았다는 생각을 해봤어요. 날이 환했고, 얼굴이 밝았고, 손이 따뜻했고, 그림자는 짧았지요. 우리를 따라다니는 그늘은 늘 있는 듯 없는 듯했네요. 모르고 살았어요. 때로는 큰 그늘에 숨어 내 그림자를 알아보지 못했어요. 품어 주셔서 고마워요.

그 여름의 세 그림자. 계속 길어지고 있어요. 우리에게 꼭 붙어 있지요.

우리가 그림자밟기를 한다는 생각을 해봤어요. 그림자밟기를 하려면 반드시 빛이 필요해요. 마치 겨울을 위한 여름 같아요.
겨울의 그림자는 조금 멀리서도 밟을 수 있지만 여름에는 가까이 있어야 해요. 그래서 그곳의 여름이 참 좋았나

봐요.

 두서없는 글을 적었어요. 하고 싶은 말은 오래전 공중에서 분해되었고요.

 이 글을 어떻게 마무리할까요.
 인간은 자기 안에서 영원한 여름을 산다고 했던 헨리 데이비드 소로의 말이 떠올라요. 건강한 사람이라면 견디지 못할 겨울은 없대요.

 여름에 관한 책을 쓰면 꼭 담고 싶었던 얘기였어요.

비 오는 숲 산책

동네 도서관으로 향하는 숲길을 좋아한다. 양쪽으로 늘어선 나무들의 싱그러운 숨결 사이를 걷는 기분이 상쾌하다. 나무들은 볕이 센 날에 세상에서 가장 큰 양산이 되고, 보슬비가 내리는 날에는 우디 향의 거대한 향수병처럼 보인다. 칙칙. 걸음마다 숲 향기를 아낌없이 뿌려주는 것 같다.

도서관으로 가는 길은 숲길 말고도 여러 가지가 있다. 숲의 초입에서 오래된 빌라의 뒷길로 빠져 언덕을 타고 이어지는 길, 학교와 아파트 사이를 가로질러 가는 길 그리고 처음부터 숲 쪽이 아닌 큰 도로를 따라 횡단보도를 건너서 가는 길. 한 번씩 다 걸어 봤는데 소요 시간은 거의 비슷했다. 그래서 어느 길로 갈지는 그때그때 내키는 대로 결정하는데, 보통 여름에는 숲길로 다닌다.

 숲으로 들어서는 입구에는 공원이 있다. 높이가 얼마인지 가늠이 안 될 만큼 오래된 소나무와 벚나무 등이 아늑하게 둘러싸고 있다. 바로 바깥 사거리 큰 도로에는 늘 차가 많이 다닌다. 단 몇 걸음 차이로 공기가 확 달라지는 것을 느낀다. 초록의 향연에 발걸음과 어깨가 가뿐해진다.

 공원에는 다양한 운동 기구와 너른 정각, 농구장과 배드민턴장, 식수대 등이 있고 훌라후프도 종류별로 구비되어 있다. 맑은 날, 한번은 가족끼리 오랜만에 외식을 하고 공원에 들러 훌라후프 오래 돌리기 시합을 했다. 내가 가장 먼저 탈락을 했다. 내 팔뚝만 한 두께의 지압 훌라후프여서 너무 아팠다. 생각보다 진지하게 대결하는 부모님을 보면서 계속 웃느라 몰랐는데, 나중에 보니 내 배에 멍이 생겨나 있었다. 엄마는 아빠가 탈락하고 1등이 확정되었는데도 멈추지 않았다. 어느새 시합은 기록 경기로 바뀌었다. 누가 신기록을 깰 것인가. 막상막하의 실력이 아니라서 큰 의미는 없었지만...... 마음에 드는 게 생기면 한동안은 그것만 계속 하는 우리 가족, 이번에는 훌라후프에 꽂혔다. 질릴 때까지 해보자고! 한 네다섯 번은 더 한 것 같다. 대결 내내 휴대폰으로 찍은 동영상을 집에 오는 길에 확인하면서 깔깔 웃느라 계속 걸음을 멈추게 되었다. 우리 모습이 이렇게 웃겼다고? 어쩐지 지나가는 사람들이 다 쳐다보더라니!

숲길에서 이어지는 산은 '오른다'는 표현이 멋쩍게 느껴지는 동산이다. 등산을 하고 싶은데 체력이 약한 사람에게 제격이다. 공원에서 숲길까지는 러닝이나 강아지 산책을 하는 젊은 사람들을 종종 마주치는데, 산에는 대개 나이가 드신 분들밖에 없다. 어르신들은 아주 열정적으로 운동을 하신다. 나무에 등을 퍽퍽 치는 할머니는 그러다 나무에 쏙 들어가실 것만 같다. 어느 날은 산의 정상에 오르자마자 몸짱 노부부에게 눈길을 사로잡혔다. 세상에 이런 일이에 나올 법한 느낌이었다. 후후 숨을 내뱉으면서 골똘히 운동에 집중하시는 데 눈을 뗄 수가 없었다. 쌍둥이처럼 철봉에 매달려 턱걸이를 얼마나 다부지게 하시던지! 신기해서 웃음이 났다.

오래된 산에서 나이든 부부의 시간이 거꾸로 흐른다. 그 산은 점점 젊어질 것이다.

실내에서 글 작업을 하다가 걷고 싶어 몸이 근질근질하거나 머릿속이 백지 같을 때는 숲길로 산책을 나간다. 어떤 사람들은 생각을 비우기 위해 산책을 한다는데, 나는 산책을 하면서 머릿속에 생각을 채운다. 걸으면서 갖가지 아이디어를 얻는 쾌감이 있다. 이미 하고 있던 묵은 생각도 숲길에서 만나는 나무의 가지처럼 높게, 멀리 뻗어 나간다. 그 생각이 쓸모가 있을지 없을지는 아직 모르지만, 걷는 만큼 내 머릿속의 세계가 넓어지는 건 분명하다. 또, 비가 오거나 그친 뒤의 숲을 산책하면 생각이 명쾌하게 정리된다.

그럼 생각을 비우고 싶을 때는 어떻게 하느냐. 잠을 자거나 운동을 한다. 생각을 아예 안 하기 위해서는 꼭 강도가 높은 근력 운동을 해야 한다. 유산소 운동을 하면 미처 떨쳐내지 못한 생각의 조각들이 불쑥불쑥 튀어나오기 때문이다. 일부러 땀이 뻘뻘 나고 팔다리가 후들거릴 만큼 힘든 동작을 한다. 그럼 오직 한 가지에만 집중하게 된다. 시간을 세는 일. 포기하고 싶을 때, 나는 마지막 카운트를 세면서 매번 놀라고 어이없어 한다. 10초가 이렇게 긴 시간이었나? 그래도 막상 다 버티고 나면 금방 잊어버리고, 조금만 더 할까 싶다.

시간을 세는 일밖에 못하는 그 순간들은 쌓이고 쌓여 몸의 긍정적인 변화로 나타난다. 생각은 비우고 몸은 채우는 건강한 방법이다.

글을 쓰면 시간한테 매번 지기 바쁘다. 빠르게 흘러간 시간을 뒤늦게 붙잡고 싶어진다. 한 시간 동안 한 줄도 못 쓴 괴로움, 시간 가는 줄 모르고 실컷 쓴 글을 1초 만에 지우는 허무감. 글을 쓸 때는 시간을 의식해도, 의식하지 않아도 문제다. 하여간 어려운 일이다. 글쓰기도 근력 운동과 같다면 좋겠다. 인풋과 아웃풋이 비례했으면 좋겠다.

  이 글을 쓰고 나면 운동을 하려는데 밖에 비가 내리기 시작한다. 장마가 오려나 보다.

  비가 오면 숲의 향기는 더 짙어진다. 코로 숨을 크게 들이쉰다. 물과 나무와 흙의 향이 진하게 뒤섞여 몸속으로 퍼진다. 숲에 촉촉이 스며든다. 우산을 쥐어 따뜻해진 손끝으로 꽃에 떨어진 빗물을 쓱 훑는다. 괜히 한번 그러고 싶다. 푸른 이파리에 윤슬처럼 맺혀있는 빗방울들이 살랑살랑한 바람에 또르르 떨어진다. 초록은 비를 만났을 때 가장 예쁘게 빛난다.

여름날의 사생활

토마토

 나에게 토마토는 애증의 과일이다. 이 절절하게 변덕스러운 관계를 어디서부터 어떻게 말해야 할까. 복잡하니 번호를 붙여가며 이야기해보겠다.

 1) 어릴 때 내 별명은 과일 킬러였다. 밥보다 과일을 더 잘 먹었는데 그 중에서도 토마토를 가장 좋아했다.

 2) 그래서 감기에 걸리거나 몸이 안 좋으면 엄마께서 토마토를 갈아 주셨다. 나는 믹서기로 곱게 간 것보다 강

판에 갈아 덩어리가 있는 것을 선호했다.

3) 그런데 이상하게도 토마토 주스를 먹고 나면 몸이 더 안 좋아졌다. 당시에는 의심하지 않았다. 뒤늦게 토마토가 몸에 맞지 않는다는 생각이 들었으나 확신은 못했다.

4) 성장하면서 아토피가 자연스럽게 사라지고 피부가 평안을 찾았다. 대학교 입학을 앞두고, 열아홉 살의 나는 완벽한 자유를 느꼈다. 입고 싶은 옷을 입고 메이크업도 마음껏 하며!

5) 대학교 1학년. 친구들과 학교 앞 생과일주스 가게에 들렀다. 오랜만에 토마토 주스가 너무 먹고 싶어 주문했다. 아무 걱정 없이 한 모금 두 모금, 한 컵을 다 마셨는데……

6) 30분 쯤 지났을까. 입술이 붉게 부어올랐다. 눈도 약간 충혈 되었다. 강의에 하나도 집중이 되지 않았다. 예

전처럼 얼굴이 뒤집어질까 겁이 났다. 당장 병원 피부과에 가서 알레르기 검사(MAST 108종)를 했다.

7) 웬걸, 토마토 알레르기는 없다는 결과가 나왔다. 엉뚱하게도 새우와 게 알레르기가 있다고 했다. 컨디션이 좋을 때는 먹어도 괜찮을 만큼 낮은 단계라고 의사는 말했다.
 아니, 그럼 토마토를 먹으면 왜 그런 거죠?

8) 우연일 겁니다. 아니면 지연성 알레르기일 수도 있고요. 그건 따로 검사하는 게 있어요. 근데 꼭 안 해도 됩니다. 본인이 먹고 이상이 있었으면 되도록 그 음식은 피하세요. 그럼 되잖아요?

9) 아토피로 인해 피부가 울긋불긋했던 어린 시절, 스스로 토마토 같다는 생각을 하면서도 토마토를 정말 좋아했는데...... 토마토를 받아들이지 못하는 몸이라니. 이건 모순이다! 내 피부의 모순!

10) 나는 그 후로 토마토를 먹지 않았다. 슬프지만 토마토와 나는 이어질 수 없는 사이임을 인정했다.

11) 2년 뒤, 나는 학교에서 보내주는 어학연수 프로그램에 선정이 되어 영국에서 한 달 간 머물고 있었다. 하루는 친구가 홈스테이를 하는 집에 초대 받았다. 홈스테이 맘이 저녁 식사로 라자냐를 해주었다. 베이스가 토마토소스다. 나는 순간 고민이 되었다. 배는 고프고 라자냐는 너무 맛있어 보였다. 결국 유혹을 참지 못하고 한입만 먹었다.

12) 잠시 후. 온몸에 열이 나고 입술이 부으며 얼굴이 붉어졌다. 딱 한 입을 먹었을 뿐인데!

13) 다음 날은 어학연수를 같이 간 사람들과 런던으로 여행을 갈 예정이었다. 그런데 아침에 일어나 거울을 보니 쌍꺼풀 반이 사라질 정도로 눈이 부어 있었다. 얼굴 여기저기 붉은 방울토마토가 피어 있었다. 무슨 날만 되

면 얼굴이 뒤집어지는 징크스는 여전히 유효했다.

14) 비상약으로 챙겼던 항히스타민제를 복용하고 런던 여행을 했다. 피부가 안 좋으니 몸 컨디션이 전체적으로 꽝이었다. 웃어도 웃는 게 아니었다. 그날 찍은 사진을 보면 마음이 아프다.

15) 결국 나는 토마토를 증오하게 되었다. 애증이었다. 사실 속으로는 너무 좋아하는데...... 이루어질 수 없는 사랑이었다.

16) 식당에서 음식을 고를 때마다 주변인들의 배려를 받았다. 이탈리안 레스토랑에 가서 고르곤졸라 피자나 크림파스타만 주문하는 식으로 토마토를 완전 차단했다. 나도 어쩔 수 없는 일이었지만, 그럴 때마다 미안하고 고마웠다.

17) 그렇게 몇 년 동안 토마토와 멀어졌다. 그러던 어

느 날, 모르고 토마토소스가 들어간 음식을 먹었는데...... 시간이 지나도 멀쩡했다. 이제는 먹어도 괜찮은 건가? 조심스럽게 생각했다.

18) 왜 지난 고통은 모조리 잊은 듯 호기심이 피어오르는 걸까. 나는 내 몸을 테스트해 보기로 했다.

19) 우선 토마토를 볶아서 먹어 보았다. 한 조각 먹고 시간이 지나도 아무 증상이 안 나타나서, 한 조각 더 먹었다. 볶은 토마토를 한 개를 다 먹었는데도 괜찮았다.

20) 이튿날에는 생토마토 하나를 먹었다. 역시 아무 일도 일어나지 않았다. 믿을 수 없었다.

21) 여러 번 테스트했다. 토마토 스파게티를 먹고, 피자를 먹고, 토마토 주스를 마시고...... 아무렇지 않았다.

22) 나는 주위에 이 사실을 알렸다. 거짓말처럼 들리겠지만 나 이제 토마토 먹을 수 있어!

23) 토마토를 다시 먹은 지 현재 5년 정도 되었다. 요즘 매일 토마토 요리를 해 먹는다. 그동안의 한을 풀 듯.

24) 가장 많이 하는 요리는 토마토 달걀 볶음이다. 간단해서 좋다.

25) 아침에 요리하는 시간이 행복하다. 숙성된 토마토, 양파와 소고기를 넣고 토마토 수프를 끓이면 보양식이 따로 없다. 삼계탕을 먹는 것처럼 온몸이 뜨끈해진다.

토마토를 먹으며 생각한다. 내 몸의 신비에 대하여. 과거에는 왜 토마토를 먹으면 심한 알레르기 반응이 나타났고, 지금은 왜 아무리 많이 먹어도 괜찮은지. 그 이유를 알고 싶다.

여름날의 축구 경기장

1

 나에게 여름은 축구의 계절이다. 축구를 좋아하기 시작한 게 2006년 여름부터니까, 어느덧 18년이나 되었다. 빠삭하게 다 아는 마니아까지는 아니지만, 생각하면 늘 설레는 이 스포츠를 가까이하고 싶은 마음은 오래되었다. 언제부터인가 축구를 잘하고 싶은 욕심까지 생겼다. 일단 체력을 더 키우고 볼 일이다. 내년 봄에는 풋살을 하기로 결심했다. 다음 여름에 즐겁게 공을 차고 있는 나를 그려본다.

2

 어린 열정으로 쏘다녔던 수많은 여름날의 축구 경기장을 회상한다.

 2006년 당시 축구 국가대표팀 감독은 네덜란드에서 온 딕 아드보카트. 대표팀에는 박지성, 이영표, 설기현, 안정환 등 2002 한일 월드컵의 주역들이 뛰고 있었다. 그해 5월, 독일 월드컵을 앞두고 상암 월드컵경기장에서 보스니아 헤르체고비나와 평가전 겸 출정식이 열렸다. 나는 엄마와 함께 경기장 2층에 있었다. 생애 최초로 직접 보는 축구 경기였다. 경기장에 처음 발을 들이는 순간 눈이 번쩍 뜨였다. TV로 볼 때와는 차원이 다른 웅장한 규모에 한 번, 경기장을 가득 메운 축구 팬들의 에너지에 또 한 번 압도되었다. 마치 영화 <해리포터와 마법사의 돌(Harry Potter And The Sorcerer's Stone, 2001)>의 퀴디치 시합에 와 있는 것만 같았다. 시야가 탁 트인 자리에 있어서 더 그런 느낌을 받았던 듯하다. 내 자리에서는 선수들이 미니어처처럼 보였지만 모든 선수의 움직임이 한눈에 들어와서 오히려 좋았다. 우리나라 상대팀이나 치열하게 뛰었다. 나는 축구 경기장의 환상적인 분위기에 완전히 매료되었다.

눈 깜짝할 사이에 전반전이 0:0으로 끝나고, 이어진 후반전 5분 만에 설기현 선수가 선제골을 터뜨렸다. 월드컵인 듯 열광하는 분위기 속에서 경기는 계속되었다.

한창 몰입해서 보고 있는데, 자꾸 시선을 끄는 한 선수가 있었다. 아마 내 눈길만 끈 게 아니었을 것이다. 그 선수는 가히 독보적인 속도로 필드를 종횡무진 누비며 거의 날아다녔다. 오죽하면 그 선수 때문에 다른 선수들의 움직임이 슬로모션처럼 보일 정도였다. 나에게 신선하고 짜릿한 충격을 안겨 준 그는 바로 박지성 선수였다. 나는 그가 왜 '두 개의 심장, 새 개의 폐'라고 불리는지 그날 깨달았다. 아직도 생생하다. 사람이 어떻게 그렇게 **빠**를 수 있을까!

이후 나는 박지성 선수가 뛰는 맨체스터 유나이티드 경기를 챙겨 보기 시작했다. 그 선수뿐 아니라 축구 자체에 푹 빠져 버렸다. TV로만 보고 있자니 아쉬웠다. 직접 경기장에서 경기를 관람하고 응원하는 게 좋아 K리그에도 관심을 가지게 되었다. 수원 삼성 블루윙즈의 서포터즈가 되어 고등학생이 되기 전까지 매주 경기를 보러 다녔다. 홈그라운드든 원정이든 유난히 경기가 재미있었던 날이면 집으로 돌아오는 길이 멀게 느껴지지 않았다.

K리그 경기를 보러 다니면서, 박지성 선수가 활동하고 있는 프리미어 리그도 언젠가 꼭 직접 보러 가겠노라 다짐했다. 우리나라 최초의 프리미어 리거이자 내가 본 최고의 축구선수. 축구에 대한 열정이 가득한 영국에 가서 우리나라와는 또 다른 경기장의 분위기를 느끼며 그의 활약을 직접 본다면 얼마나 좋을까 자주 상상했다. 그 날이 꼭 오기를 열다섯 살의 나는 소망했다.

중학교 3학년 때는 같은 반에 축구를 좋아하는 애와 친해졌다. 마침 그 애도 수원 삼성의 팬이었다. 우리는 수원 빅버드(수원월드컵경기장)를 제집처럼 드나들었다. 보통 경기가 저녁 7시쯤에 있어서 귀가하면 밤 10시가 다 되었다. 부모님은 한 번도 못마땅해 하거나 야단을 치지 않으셨는데, 그건 언제나 나에 대한 믿음이 있으셨기 때문이었다. 자유롭게 내가 하고 싶은 일을 하도록 놔두는 대신 그에 대한 책임을 스스로 져야한다는 것을 자연스럽게 깨닫게 해주신 부모님께 감사하다.

이제 곧 고등학교에 들어가는데 뭐하고 다니느냐며 혼을 낸 사람은 담임선생님이었다. 친구와 나는 축구 경기를 보고 온 다음 날에는 꼭 지각을 했는데, 선생님은 처음에 그 이유를 모르고 너그러이 봐 주셨다. 그러다 기말고사 일주일 전에도 경기를 보러 다녀온 것을 어쩌다 아시고는 그때부터 호통을 치셨다. 학교에서는 조용히 모범생처럼 있다가 방과 후에는 열심히 축구나 보러 다니다니 선생님에게는 충격과 반전이었을 것이다. 중3인데 성적이 떨어지면 어떡할 거냐며 꾸짖으셨다. 버럭 화내셔도 걱정하는 마음이 전해졌다. 실제로 성적이 떨어지긴 했지만 나는 걱정하지 않았다. 고등학생이 되면 지금처럼 축구를 보러 다니지 못할 테니 미리 많이 즐겨두고 싶었다. 지금 와서 생각해 보면 그러길 잘했다. 고등학생 때는 정말 얌전히 공부만 하고 성적도 다시 올랐으니까!

3

얼마 전, 토트넘 홋스퍼 FC와 FC 바이에른 뮌헨이 내한한다는 소식이 전해졌다. 두 팀이 상암 월드컵경기장에서 맞붙는다는 소식에 가슴이 두근거렸다. 마지막으로 축구 경기를 직관한 지가 언제였던가. 손흥민 선수의 팬으로서 이 기회는 놓칠 수 없다. 대학교 수강신청을 할 때 한 번도 실패한 적이 없었던 기억을 떠올리며 이번에도 성공하리라 기운을 모았다.

예매 당일, 표를 구매하기 위해 친구까지 합세했다. 저녁 8시가 되자마자 예매 창에 들어갔다. 운이 좋게도 400번대로 접속했다. 자리가 아주 넉넉해서 차분하게 원하는 곳을 선택했다. 그리고 결제 창으로 넘어 갔는데…… 오류가 났다. 하는 수 없이 다시 접속했더니 글쎄,

접속 대기인원이 내 앞에만 거의 15만 명이 있었다. 그 뒤로 한 시간까지는 구할 수 있으리라는 막연한 자신감이 있었는데, 두 시간 후 친구가 나보다도 훨씬 뒤에 대기하고 있다는 얘기를 듣고 표를 못 구하겠다는 느낌이 왔다. 6만 여 좌석 중에 내 자리가 하나 없다니. 아쉽지만 어쩌겠나. 열다섯 살부터 꿈꿔온 버킷리스트 중 하나인 프리미어 리그 경기 투어를 손흥민 선수가 영국을 떠나기 전에 하는 수밖에! 하루빨리 이루려면 부지런히 살아야겠다.

4

축구 경기장은 여름의 한복판과 닮았다. 오직 경기장에서만 느낄 수 있는 활기차고 박진감 넘치는 분위기가 있다. 경기장에서 축구를 보면 희로애락이 느껴진다. 답답하고 억울하거나 화가 나는 경우도 있고, 아찔한 상황에 놀랐다가 기적 같은 순간에 환희를 맛보기도 한다. 나는 축구의 진정한 감동은 경기를 다 마친 후에 있다고 생각한다. 쾌감, 허탈감, 후련함, 격려, 우정 등으로 채워지는 경기장의 공기는 한편의 잘 만든 영화를 본 듯한 충만감을 안겨준다. 선수들의 살아 있는 팀플레이와 목청 터져라 응원하는 팬들에 둘러싸여 있는 기분을 뭐라고 표현하면 좋을지 모르겠다. 즐거움이나 행복이라는 단어는 밋밋하다. 그 기분은 뜨겁고 치열하고 때로는 지치지만, 자주 열광하기 좋은 여름을 닮았다.

미국, 잠자리, 미트볼

 근황이 궁금한 옛 친구가 있다. 하굣길 10분 만에 나를 미국으로 데려가 주었던 아이. 초등학교 2학년 때 같은 반이었던 그 애는 나와 이름도 비슷하고 키도 똑같고 얼굴의 이미지도 닮았다. 지금은 어떻게 생겼는지 모르지만 그때는 그랬다. 담임선생님은 어떻게 닮은 애들끼리 친구가 되었냐고 하셨다. 우리가 친해진 과정은 기억나지 않는다. 어쩌다 보니 꼭 붙어 다니는 단짝이 되어 있었다. 우리는 생김새만 닮은 게 아니라 생각하고 말하는 것도 통했다. 그때의 우리를 떠올리면 영화 <페어런트

트랩(The Parent Trap, 1998)>에서 아역배우였던 린제이 로한이 1인 2역으로 연기한 쌍둥이 할리와 애니의 모습이 그려진다. 나는 그 애와 함께 있으면 비밀을 다 털어놓을 수 있는 자매가 생긴 기분이었다.

 우리 집에서 몇 분 안 걸리는 거리에 위치한 미국. 친구는 거기에 살았다. 가깝지만 한 번도 밟아보지 못한 그 땅에 대해 친구는 이렇게 말하곤 했다.
 "진짜 미국은 아니지만 들어가면 완전 미국이야."
 학교를 마치자마자 나는 친구의 손을 꼭 잡고 기대 반 두려움 반으로 미국을 향해 걸어갔다.
 "거기 있는 아저씨들이 무섭게 생겼어도 놀라지 마."
 나는 그 말에 더 긴장되었다.

 "롹, 페이퍼, 씨저스! 롹, 페이퍼, 씨저스!"
 미국으로 들어가기 위해 내가 거쳐야 하는 관문은 가위바위보였다. 근엄한 표정으로 보초를 서던 미군들과 나는 비장하게 가위바위보를 했다. 계속 비기다가 내가 처음으로 졌더니, 그들은 단호하게 안으로 못 들어간다고 했다. 우리는 당황해서 한 번만 기회를 더 달라고 했다. 그러자 이번에는 친구도 같이 해서 이기면 들여보내주겠다고 했다. 지금 와서 생각해 보건대 덩치 큰 그 미군 아저씨들, 그때 매우 심심했나 보다.

친구와 나는 가위바위보를 못하는 것까지 닮았었다. 연거푸 지는 바람에 주눅 들어 있자, 미군들은 이번만 봐준다며 안으로 들어가라고 했다. 그 뒤로도 여러 번, 갈 때마다 가위바위보를 했는데 우리는 한 번도 이긴 적이 없었다. 나중에 미군들은 내 얼굴을 보자마자 그냥 들어가라고 했다.

미군 부대 안에서 친구가 사는 집까지 걸어가는 길에 나는 정말 미국에 왔다고 생각했다. 광활한 도로에 큼직큼직한 건물들. 지나다니는 사람들도 다 미국인이었으니 내가 사는 곳과 다른 세계에 온 것은 확실했다.

친구의 집은 군인 아파트 1층이었다. 집에는 아무도 없었다. 친구는 친오빠와 함께 쓰는 자신의 방으로 나를 데려갔다. 열려 있는 창문으로 놀이터가 보였다. 우리 또래의 미국 애들이 노는 소리가 들려왔다. 친구는 책상 밑에서 무언가를 꺼냈다.

"이거…… 우리 오빠 건데, 지금 몰래 가지고 놀자!"

친구의 손에 곤충 채집상자와 잠자리채가 들려 있었다.

"마음대로 써도 돼?"

"그러니까 몰래!"

지금도 좋아하는 책인데, 당시 나는 마크 트웨인의 《톰 소여의 모험》을 읽고 있었다. 주인공 톰이 미국 남부의 어느 마을에서 친구들과 용감한 모험을 떠나는 이야기. 얼마나 재미있었는지 매일 밤 그 책을 읽다가 잠에 들었다. 누군가 몰래 탐험하러 가는 재미를 나도 느껴보고 싶었을까. 나는 친구가 쥐어주는 잠자리채를 받아들고 어서 나가자고 했다. 그때 나는 어떤 모험을 기대했을까?

녹음이 우거진 조용한 군인 아파트 단지 사이에서 우리는 곤충 채집에 몰두해 있었다. 친구는 나무에 붙어 있던 매미를 잡았다. 나는 징그러워서 못 잡았는데 친구는 나보다 더 용감했다. 잠자리채에 붙은 매미를 맨손으로 덥석 꺼내어 채집상자에 넣었다. 잠자리를 잡고 싶어서 한참을 돌아다녔지만 헛수고였다. 결국 우리는 매미 한 마리를 잡은 걸로 만족하고 놀이터로 갔다.

 미군 부대의 놀이터는 매우 창의적이었다. 제일 먼저 눈에 띈 것은 그네였다. 그때만 해도 학교나 동네 놀이터에 있는 그네의 앉는 부분은 빳빳하고 두꺼운 옥스퍼드 천으로 되어 있었다. 그런데 거기에 있는 것은 타이어로 만들어진 그네였다. 나는 자동차 바퀴가 그네가 된 모습에 충격을 받았다. 또 다른 놀이기구로는 뺑뺑이라고 불렸던 회전무대가 있었다. 정확한 모양은 기억나지 않지만 우리 것보다 훨씬 스릴이 넘쳤다. 시소와 미끄럼틀, 두세 명이 들어갈 법한 작은 트램펄린도 있었다.

 놀이터에는 피부색도 생김새도 각기 다른 다인종의 아이들 대여섯 명이 놀고 있었다. 그 미국 애들이 먼저 우리에게 관심을 가지고 다가왔다. 곤충 채집상자에 자신이 발견한 사슴벌레를 넣기도 하고, 그네를 밀어주기도 하고, 트램펄린을 같이 신나게 방방 타기도 했다. 우리는 영어가 유창하지 않았고 그 애들도 한국어는 '안녕' 밖에 몰랐지만 소통은 잘 되었다. 각자의 언어로 얘기해도 찰떡같이 알아들었다.

정신없이 놀고 있는데 미국 국가가 울려 퍼졌다. 하나둘 미국 애들이 집에 가고, 우리도 친구네 집에 다시 돌아왔다. 곤충 채집상자에는 매미, 사슴벌레, 풍뎅이, 나뭇잎 등 놀이터에서 미국 애들이 넣어준 것들이 그대로 담겨 있었다.

친구네 어머니가 저녁을 먹고 가라며 식사를 차려 주셨다. 처음 보는 음식이 있었다. 갈색의 새콤달콤한 소스와 둥글둥글한 고기 덩어리로 만든 것이었다. 이건 무슨 요리인지 물었다.

"미트볼!"

나는 그때 처음으로 미트볼이라는 음식을 알게 되었다. 그 전에는 한 번도 먹어본 적 없었다.

친구와 나는 쌍둥이 자매처럼 비슷한 구석이 많았지만 평소에 먹는 음식은 좀 달랐다. 우리 집은 주로 한식을 먹는데, 친구네는 서양식을 많이 먹는다고 했다. 친구 덕분에 입맛에 맞는 음식 하나를 더 알았다. 그날 집에 와서 엄마한테 미국에 가서 미트볼을 먹었다고 자랑했다.

 우리가 미트볼을 먹고 있을 때 친구의 오빠가 학원에서 돌아왔다. 우리는 오빠의 눈치를 보았다. 잠자리채와 곤충 채집상자를 미리 닦아 놓지 못하고 제자리에도 두지 않았기 때문이었다. 다행히 내가 있을 때는 오빠가 상황을 알아채지 못해서 아무 소동 없이 지나갔다.

 자연스레 단짝이 된 그 친구와 함께하면서 나는 처음 경험하는 게 많았다. 한국 안의 작은 미국인 미군 부대에 들어간 것, 잠자리를 잡으려고 뛰어다닌 것, 미트볼을 먹은 것..... 이후에도 수많은 처음의 추억을 쌓았다. 아직까지 생생하게 기억나는 걸 보면 그 애와 보낸 모든 시간이 특별한 모험이었던 것 같다.

 몇 개월 뒤 친구는 군인 아버지의 부대 이동으로 전학을 갔다. 서로 마지막 편지를 주고받으며 헤어진 그 애는 지금 잘 지내고 있을까. 여전히 용감하고 재미있게 살고 있는지!

가장 뜨거울 때 만난 사람들

　나는 나를 움직이게 만드는 것들을 좋아한다. 밖으로 나가서 걷게 만드는 맑은 하늘과 밝은 햇살, 놓치고 싶지 않아 당장 달려가게 만드는 붉은 노을과 그리운 풍경들, 오래 앉아 있는 몸을 일어나 춤추게 만드는 신나는 음악……
　그중에서도 내 안의 열정을 자극하는 사람들을 매우 아낀다. 결국 나를 변하게 만드는, 나도 몰랐던 나를 발견하게 하는 존재들에 나는 언제나 고마운 마음을 가지고 있다. 열중할 줄 아는 힘을 스스로 느끼면서 삶의 가장 뜨거운 시간을 보낸다는 것이 얼마나 소중한지 알게 되었기 때문이다.

  20대 초에 다니던 대학교 입학처에서 운영하는 '전공 알림단'으로 2년 간 활동한 적이 있다. 학교 홍보 및 학과 소개를 하는 단체였다. 나는 당시 간절히 원하던 문화콘텐츠학과에 진학하여 전공에 대한 애정을 주체하지 못하는 상태였다. 많은 사람에게 내가 좋아하는 것을 알리는 일만큼 뿌듯한 게 있을까? 나는 우리 학과를 홍보하고, 내가 가진 경험을 나눌 수 있는 그 활동을 진심으로 즐겼다.

  전국의 중, 고등학교 강연이 주된 일이었다. 종종 진로 직업 박람회나 진로 탐험 캠프 등의 행사를 직접 기획하고 진행하기도 했다. 캠퍼스별로 학과 당 한두 명씩 선발되어 모인 그 단체에서 나는 나와 같은 진심을 가진 사람들과 일종의 사명감을 공유하며 잊지 못할 추억을 쌓았다.

스무 살에 중학교에서 방과 후 학교 선생님으로 아이들을 가르친 경험이 전공 알림단 활동에 많은 도움이 되었다. 강당을 가득 채운 수백 명의 학생들 앞에서 강연을 하면서도 크게 긴장되지 않았고, 어수선한 분위기의 교실에 들어가 내 이야기를 전하는 상황도 별로 어렵지 않았다. 방과 후 학교에서 단련이 된 덕분이었다. 역시 무엇이든 헛된 경험은 없다.

"땀이 송골송골 맺히도록 열심히 했다며."
서울의 한 고등학교로 강연을 갔을 때 뵈었던 선생님이 나를 보고 하신 말씀을 나중에 전해 들었을 때 나는 좀 부끄러웠다. 내가 그랬다고? 정말 그렇게 열심이었다고? 강연하는 내 모습이 어떤지 나는 볼 수 없으니 괜스레 민망했다.

열심, 열중, 열정...... 어떤 일을 열렬히 좋아해서 정성을 다해 마음을 쏟는다는 의미를 지닌 말들로 스스로를 표현하려면 얼마나 깊은 진심이 필요한 걸까. 자기 자신을 만족하고 인정하는 일은 타인으로부터의 칭찬과 이해를 받는 일보다 훨씬 더 어렵다. 내 안의 뜨거운 무언가, 그 맹렬한 감정이 자부심이나 자신감으로 이어지려면 결정적인 게 필요하다. 누군가에게 진정으로 가치 있는 일이라는 믿음. 그것을 확인하는 순간이 필요하다. 내가 가진 순수한 진심이나 열정은 '보람'을 느낄 때 완성된다.

 나는 내 이야기를 전하는 행동 자체로는 보람을 느끼지 못했다. 보람의 중점은 내가 아닌 사람들에게 있었다. 내 이야기가 필요한 사람들, 눈을 바라보며 귀를 쫑긋하고 소통하는 사람들, 파생되는 이야기를 궁금해 하는 사람들, 자신의 성장을 원하는 사람들. 내가 실질적인 도움을 줄 수 있는지 없는지를 떠나서, 누군가 나의 이야기로 변화를 꿈꾸게 되었다면 그게 바로 보람이었다.

 강연을 다니면서 만난 사람들 중에 기억에 남는 학생들이 있다. 그 중 어떤 학생은 강연 후에 따로 찾아와서 개인적인 상황을 말하며 진로 선택에 관한 의견을 구했다. 사교육 없이 대학 입시를 준비했다는 내 이야기를 듣고 더 구체적인 방법을 알고 싶어 하는 듯했다. 나는 개별

대화를 나눌 시간이 없어 따로 메일을 주겠다고 했고, 나중에 내가 줄 수 있는 자료와 함께 질문에 대한 답을 보냈다. 도움을 주셔서 감사하다는 메일을 받았다. 그리고 일 년쯤 흘렀을까. 그 학생이 메일로 좋은 소식을 전해왔다. 당시 희망했던 학교의 1지망 학과에 합격했다면서 내가 그때 해주었던 말들이 많은 도움이 되었다고 했다. 모든 일은 그 학생의 노력으로 이뤄진 것인데, 내가 그 어려운 과정에 조금이나마 도움이 될 수 있었다는 사실에 마음이 벅찼다.

내가 나눌 수 있는 것을 나누는 건 특별한 일이 아니지만, 그 나눔이 보람이 되면 특별해진다. 그렇게 내 안의 열정을 확인하면 스스로 당당히 말할 수 있다. 나는 열심이었고, 열중했고, 열정이 있는 사람이라고.

철학가이자 수필가인 김형석 교수님은 한 인터뷰에서 이렇게 말씀하셨다.
"누구보다도 내가 인간으로 태어나서 내 인생을, 삶의 의미를 체험하고 있다는 생각을 합니다. 정말 행복한 게 뭐냐고 물어보면요, 다른 사람을 위해서 고생한 게 제일 행복해요. 사랑하는 대상이 없으면 인생이 끝나요."

 나는 일찍 깨달은 것 같다. 내가 가장 뜨거울 때가 언제인지. 나 아닌 다른 사람에게 나의 무언가를 주고, 그 상대가 변화하고 성장하고 끝내 행복에 이르는 과정에 함께할 때, 나는 가장 뜨거운 열정과 행복을 느낀다.
 아직은 내가 누군가에게 주었던 기억보다 받았던 기억이 더 많다. 그러므로 앞으로 내 안의 열심과 열정을 필요로 하는 이들에게 더 많이 나누며 살고 싶다.

 20대, 가장 뜨거울 때 만난 사람들은 나의 동력이었다. 대부분이 시절 인연처럼 흘러갔지만 나는 그런 그들을 여전히 소중하게 생각한다.

 사랑은 사랑을 기르고, 행복은 행복을 기른다. 나를 움직이게 만드는 존재들을 위해 나는 무엇을 줄 수 있을지 스스로에게 계속 물어 볼 것이다.

고흐와 밤하늘

 어떤 날들의 마음과 사랑 그리고 내 곁을 지키는 꿈에 대하여 처음 시를 쓰고자 했을 때, 나는 빈센트 반 고흐를 떠올릴 수밖에 없었다. 내 삶에 고흐와 그의 작품들이 작고 크게 어떤 소중한 기억으로 존재해왔기 때문이다. 아직도 많은 부분을 모르고, 또 알고 싶어서, 그가 남긴 편지와 그의 생애를 다룬 책 그리고 그의 그림을 보고 느끼며 날마다 그를 공부하고 있다. 그러다 보니 언제부턴가 마음속의 가장 친근한 화가인 고흐를 나의 글로 이야기하고 싶어졌다. 그래서 출간하는 책마다 고흐를 생각하며 쓴 글을 싣고 있다.

 첫 번째 시집에는 두 편의 시를 담았다. 그 중 <고흐와 밤하늘>은 고흐의 예술 혼과 정신병이 강렬하게 뒤섞였던 시기에 그려진 작품들을 모티프로 지은 것이다.
 1988년 2월 파리를 떠나 남프랑스 아를에 도착한 고흐가 같은 해 9월에 그린 <아를강의 별이 빛나는 밤>과 이듬해 5월 제 발로 들어간 프로방스 생 레미의 한 요양원에서 그린 <별이 빛나는 밤>. 이 두 작품과 그 즈음 고흐가 남긴 편지들을 보며 그가 어떻게 그림을 그리고, 어떤 마음으로 하루를 살았는지 짐작해 보았다. 기억으로 그린 풍경이 그토록 역동적이고 생생할 수 있다니 울음이 날 것만 같았다.

 별빛에 기억이 묻어 있다

 빙그르르
 온 세상이 요란하게 들어 있는
 머릿속을

감싼 밤하늘에

꽃들이 반짝이네

파르르르

떨리는 빛

지상에도 별이 피었다

어두워야만 보이는 것들이 있지

만질 수 없는 기억과

퍼져 가는 밤하늘

별빛의 파동에

울 뻔했다

- 박지윤, <고흐와 밤하늘>
《나를 비추는 달빛에 운율을 더하다》(꿈공장플러스, 2021)에서

  고통 혹은 심장처럼 세차게 휘도는 듯한 밤하늘은 노란 별빛과 함께 화폭을 가득 채우며, 땅을 끝없이 빛으로 물들이는 것 같아 보인다. 그건 어쩌면 고흐가 꿈꾸는 무한

의 세상이었을지도 모른다. 나는 사유하는 밤의 시간 속에서 고흐가 말했던 '꿈'을 잠시라도 본 듯했고, 신기하게도 위로까지 받은 느낌이었다.

> 지도에서 도시나 마을을 가리키는 검은 점을 보면 꿈을 꾸게 되는 것처럼, 별이 반짝이는 밤하늘은 늘 나를 꿈꾸게 한다. 그럴 때 묻곤 하지. 왜 프랑스 지도 위에 표시된 검은 점에게 가듯 창공에서 반짝이는 저 별에게 갈 수 없는 것일까?
>
> 1888년 6월
>
> - 빈센트 반 고흐, 신성림 번역 《반 고흐, 영혼의 편지》
> (위즈덤하우스, 2017)에서

어두워야만 보이는 것들. 어둠 속에서, 어둠이 있어서 빛나는 것들. 캄캄한 밤에 더 반짝반짝 잘 보이는 존재들이 오늘도 우리 곁에 머물고 있다.

여름 여행

한여름을 걷는 시간

1

우리는 7월의 뙤약볕에 모든 것을 내맡기고 유럽의 곳곳을 걸었다. 국경을 넘거나 공항에서 도심으로 이동하거나 교외로 나가는 경우를 제외하고 웬만하면 걸어 다녔다. 발길이 닿는 곳마다 새롭고 반가워서, 무더운 날씨에 온종일 낯선 길을 돌아다녀도 힘든 줄 몰랐다. 그렇게 한 달을 보냈다. 그저 걷기만 해도 하루가 완벽하게 느껴졌던 첫 가족 유럽 여행이었다.

살다 보면 무언가를 하기에 딱 맞는 때가 오는데, 우리에게는 2016년의 그 여름이 그랬다. 내가 네덜란드에서 공부를 마치고 방학을 맞는 시점에 마침 부모님은 일정을 자유롭게 조정할 수 있는 상황이었다. '지금이 아니면 언제'라는 생각이 들었다. 이런 타이밍은 놓칠 수 없다. 유럽의 여러 나라가 우리를 부르고 있었다. 가보고 싶은 곳을 고르고 골라 6개국 11개 도시를 정했다. 기간은 한 달. 장기 여행이라 생각했는데, 지나고 나니 짧은 시간이었다.

설렘, 긴장 그리고 용기. 이 셋을 일행처럼 데리고 이국 땅을 누비며 우리는 일상에서 완전히 벗어난 여행자로 살았다. 막연히 꿈꾸던 여행을 실감하는 순간순간이 행운처럼 느껴졌다. "우리가 운이 진짜 좋지!"라는 말을 얼마나 했는지. 사실 늘 좋은 상황만 있던 건 아니었는데, 돌아서면 모든 일에 감사했다. 평범하게 잘 살기 위해 애써온 우리의 삶에 특별한 장면이 더해지는 너무나 소중한 시간이었기에.

귀국 날 인천공항에 도착하자마자 '해냈다'는 느낌이 들었다. 정확히는 '귀한 기회를 잘 지켜냈다'는 뿌듯함과 안도감이었다. 인생에 주어지는 좋은 시기를 알아차리고, 무엇이든 받아들일 용기와 과감한 결정으로 누릴 수 있는 것들을 놓치지 않기. 그해 여름에 걸었던 긴 길의 끝에는 이토록 중요한 교훈이 기다리고 있었다.

가끔 TV의 여행 프로그램에서 우리가 다녀온 곳이 등장하면 이런 대화를 나누곤 한다.

우리 그때 큰마음 먹고 다녀오길 정말 잘했어.
나중에 가려고 했음 더 큰 마음을 먹어야 했을 걸.
만약 지금 또 간다면 그때처럼 여행할 수 있을까?

2

여행 보름 째. 이탈리아 베네치아의 빛나는 운하와 뮤지컬의 한 장면 같은 아침 풍경을 옆에 끼고 베로나로 향하는 기차를 탔다. 며칠에 한 번씩 도시를 이동하느라 체력이 많이 소모되었을 즈음이었다. 베로나가 대체 어떤 곳이기에 내가 꼭 가야한다고 우기며 일정에 집어넣었는지 부모님은 궁금해 하셨다. 생소한 소도시인데다 겨우 1박을 하러 가는 길이었으니 의문을 가지실 만 했다. 총 이동 시간을 계산하면 실제로 베로나에 머무는 건 몇 시간 안 되었으므로 매우 비효율적인 선택이었다. 내가 알고도 그렇게 일정을 짠 이유는 몇 년 동안 꿈꿔온 곳이기 때문이었다.

스물한 살 때 대학교 영어 수업에서 '가고 싶은 곳'을 주제로 발표를 하는 과제가 있었다. 그 무렵에 나는 영화 <레터스 투 줄리엣(Letters To Juliet, 2010)>을 보고 한창 베로나라는 도시에 매료되어 있었기에 과제를 받자마자 그곳을 떠올렸다. 나는 영화의 간략한 줄거리를 소개하며 언젠가 베로나에 가보고 싶다고 이야기했다. 영화에 등장했던 '줄리엣의 집'에서 줄리엣을 꼭 만날 거라는 포부도 밝혔다. 로미오라도 된 것처럼.

그리고 3년 후, 어느새 나는 그토록 걷고 싶었던 베로

나를 걷고 있었다. 사실 마음이 급해서 거의 뛰다시피 했다. 베네치아에서 아침 일찍 출발했는데 예상보다 기차가 늦어지는 바람에 오후 늦게 도착한 탓이었다.

줄리엣의 집 앞 거리는 사람들로 붐벼 정신이 없었다. 북적이는 인파를 뚫고 입구에 다다랐다. 그런데 마치 운명의 장난처럼 바로 코앞에서 철문이 닫혔다. 어? 나 이거 보려고 온 건데…… 여름 해가 밝아서 순간 몇 시인지 잊어버려 몰랐다. 벌써 문을 닫을 시간이라는 것을. 철문의 틈 사이로 정면에 줄리엣 동상이 아련하게 보였다. 여기까지 와서 가까이 만날 수 없다니 무척 허탈했다. 이곳을 들어가 볼 기회는 이제 없었다. 다음 날은 일찍 피렌체로 넘어가야 했으니까. 집 마당으로 이어지는 입구의 벽에는 양면 가득 세계 각국에서 온 사람들이 남긴 메모들이 다닥다닥 붙어있었다. 고개를 조금 꺾어 발코니가 있는 줄리엣의 집을 살짝 보았다. 진짜 로미오라도 된 것처럼 닫힌 문 앞에서 몇 분 동안 서성거렸다.

"로미오와 줄리엣의 도시답게 이런 일이 생기네! 다음에 또 와야 할 이유가 생겼어!"

나는 허무함을 이겨 보려고 걷는 내내 이렇게 말했다. 받아들이기 나름이었다. 아쉬움이 남은 만큼 언젠가 다시 가게 되면 더 큰 기쁨을 누릴 것이다. 부모님은 해가 길어 다행이라고 하셨다. 머무는 시간이 짧지만 이곳저곳 돌아다녀 보자며.

에르베 광장을 걸었다. 그동안 다녔던 여러 소도시와 비교하면 베로나는 사람이 많은 편이었다. 아기자기하면서도 활기찼다. 골목골목마다 알록달록한 오래된 건물들의 아늑한 정취가 마음에 들었다. 걷다 보니 아디제 강 근처에 닿았다. 여느 유럽의 강물이 그러하듯 아디제 강도 흙탕물 색에 가까웠다. 하늘이 유난히 파래서였는지 얼핏 청록으로 보이기도 했다.
"젤라또 사 먹을까?"
달고 상큼한 게 필요했다. 라즈베리 소르베와 레몬 맛 젤라또를 먹으며 피에트라 다리의 초입에서 반대편을 구경했다. 중세시대 분위기를 간직한 따뜻한 색감의 집들과 짙은 녹색의 가늘고 끝이 뾰족한 사이프러스 나무들이 우뚝 솟아 있었다.

"진짜 이탈리아 같다."

당연해서 우스운 소리였지만 정말 내가 갖고 있던 이탈리아의 소박하면서도 빈티지한 이미지 그대로였다.

해가 조금씩 기울고 있었다. 피에트라 다리를 건너 슈퍼마켓에서 생수 한 병을 사고 언덕을 오르고 또 올랐다. 그러는 동안 하늘은 군청색이 되었다. 산 피에트로 성 전망대에 도착했을 때는 이미 깜깜한 저녁이 되어 있었.

높은 곳에 오르면 자연스레 아래를 확인하게 된다. 우리가 대체 얼마나 올라온 거야? 하며 숙였던 고개를 들었을 때, 눈부신 베로나의 한여름 밤이 내 품에 덥석 안겨왔다. 강렬한 야경의 불빛들이 시야에 한가득 들어찼다.

이 풍경을 보려고 여기까지 왔나 봐.

줄리엣에게는 미안하지만 베로나에서 이 아름다운 야경만 봐도 더할 나위 없었다. 붉은 주황빛들이 황홀하게 펼쳐진 그 아름다움은 사진에 잘 담기지 않아서 더 오래오래 기억될 것이었다.

피로가 쌓였던 몸이 야경을 보면서 기분 좋게 풀리고, 우리는 가벼운 발걸음으로 고대 원형 극장인 베로나 아레나로 걸어갔다. 6월부터 8월까지 베로나에서는 오페라 축제가 열린다. 나는 사전에 여행 일정을 짜면서 아레나에서 열리는 오페라를 예매할까 했었다. 부모님이 무더운 날에 야외 공연을 보기를 내켜하지 않으셔서 관두었는데, 막상 현지에 오니 그렇게 덥지도 않고 볼 시간도 충분했다. 부모님은 다음에 또 오게 되면 오페라를 봐야겠다고 하셨다. 베로나를 다시 찾을 이유가 하나씩 늘고 있었다.

 원형의 아레나에서 음악 소리가 흘러나왔다. 그 가장자리를 따라 천천히 걸었다. 돌바닥을 자박자박 밟으며. 우리는 이 여행의 하나뿐인 베로나의 밤을 보내기 싫어 미적미적하고 있었다.

3

 어느 날 나는 프랑스 파리를 거닐었던 장면들을 떠올리

며 시를 썼다.

무작정 걷는 사람에게만 허락되는 꿈이 있지.

하염없는 시선. 바라볼 수 있는 힘이 걸음마다 생겨나고. 그늘의 이목구비를 더듬는 연습을 하게 되지. 보이지 않는 것을 만질 수 있는 것으로 바꾸는 법에 대하여. 좋아한다는 생각보다 먼저 도착하는 사랑을 알게 되고. 파리에서 꿈은 가장 믿음직한 이야기가 되지.

— 박지윤, <오픈 스테이지>
《파리 허밍》(북보니, 2023)에서

이렇게 적고 나서, 비단 파리에 관한 글이 아님을 알아차렸다. 시의 전문은 파리를 그려내고 있어도, 이 부분만큼은 파리를 거닐던 사람이 아니라 '걷기를 좋아하는 사람'으로서 쓴 이야기다. 정답이 없는 길을 걷고 또 걸으면서 배우고 깨달은 것들, 마음껏 걸어 다녔던 자유로운 시간 속에서 겹겹이 쌓인 신념들로 쓰인 것이다. 추상적으로 들리겠지만, 걷기를 즐기는 사람이라면 무슨 말인지 알 것이다. (몰라도 괜찮다. 언젠가 길을 걷다 문득 공감하는 순간이 오기를!)

꿈, 사랑, 믿음과 걷기는 한 길에 나란히 놓여 있다.
걷기를 좋아하는 사람이 경험하는 세상의 풍경과 그의 내면세계는 걷는 만큼 계속 넓고 깊어진다.

4

그동안 혼자 여행과 산책을 하면서 '걷기'에 대한 나름의 의미를 찾았다.

걷기는 능동적으로 세상을 체험하는 행위이자 자신의 마음과 삶의 템포를 맞추는 과정이다.

이 한 문장에 얼마나 많은 나의 걸음이 담겨 있는지.

세상을 어떤 눈으로 바라볼지 스스로 선택하는 사람, 삶의 혜안을 기르기 위해 먼저 자기 자신을 섬세하게 돌

볼 줄 아는 사람으로 살아.

　여행자 때로는 산책자가 되어 걸었던 길이 말해주었다.

　자각하는 힘은 혼자 걸을 때 제대로 발휘된다. 그 힘은 곧 주변, 나아가 삶을 통찰하는 힘으로 확장된다. 바깥세상에 놓인 삶과 자신 말고는 아무도 모르는 자기 안의 삶을 주체적으로 감각하고, 그 속도의 괴리를 인식하여 조율해 나가는 사람이 건강한 인생을 가꾼다고 나는 믿는다.

5

　나는 현재를 걷고 있다. 여행은 '당장'의 일을 취사선택하는 실시간의 여정. 과거나 미래가 아닌, 지금의 나를 위한 물음을 스스로에게 던진다. 그 물음이 나의 걸음을 이끈다. 오직 현재에 집중하는 일만이 나를 살린다.

　여행하는 곳의 다양한 표정을 보기 위해 직접 길을 밟으며 실컷 헤맨다. 땅바닥의 질감을 느끼고, 가로수의 개

성에 눈길을 주고, 거리의 조형물과 건물에 현혹되고, 스치는 사람들을 그림책 넘기듯 구경하고, 일상을 사는 현지인들의 에너지에 젖어 들고, 하늘의 색깔과 구름의 모양에 감탄하다, 일몰에 잠기는 눈앞의 풍경에 기꺼이 몰입하는 여정이 이 하루의 전부다.

여행은 일상을 경유한다.
풍경화처럼 머물다 가는 이 순간에 푹 빠져야 한다.

포지타노

테라스에 앉아서 맥주를 딴다. 훤히 내려다보이는 푸르른 지중해를 꿀꺽꿀꺽 마신다. 레몬빛 햇살이 내리고, 아무렇게나 널어둔 수영복이 향긋하게 마른다. 아말피 해안의 한낮은 가사 없는 음악처럼 평화롭다.

식당으로 내려가는 길에 호텔 주인의 딸을 만나 인사를 한다. 본 조르노. 식당에는 주인의 아들이 느긋하게 커피를 내리고 있다. 가족이 운영하는 숙소라 그런지 정감이 넘친다.

테이블에 앉아 창밖 너머를 구경한다. 이곳에는 에어컨이 없다. 선풍기도 없다. 바다의 색만으로 시원해지는 신비를 느낀다. 자그마한 배들이 들어왔다 나가고 있다. 파도를 가로질러 가는 보트. 카프리 섬에 가는 걸까?
 하얀색 무지 테이블보 위, 레몬나무가 그려진 키친클로스. 테두리가 나무로 된 액자 같은 쟁반 위에 믹스 베리 요거트와 파인애플 요거트, 커피와 빵, 딸기잼과 버터 그리고 당근주스가 놓인다. 소박한 첫 끼를 먹는다.

소박하다는 표현을 쓰니 베네치아의 한 추억이 떠오른다. 부라노 섬에서 배를 타고 다시 본섬으로 돌아왔을 때 배가 너무 고파서 눈에 들어오는 아무 식당을 방문했다. 야외 테이블에 앉아서 주문을 하고, 먼저 나온 콜라와 맥주를 마시며 이 집 음식은 맛이 있을까 없을까를 예상했다. 식당의 외관만 보아서는 맛집의 기운은 느껴지지 않았다. 맛이 없어도 맛있게 먹겠다는 다짐을 하는 사이, 푸근한 인상의 식당 주인이 직접 만든 음식을 내주러 나왔다. 토마토 스파게티를 보자마자 피식 웃음이 났다. 그릇의 가장자리에 엄지손톱만 한 크기의 상추와 당근 조각들이 일정한 간격으로 둥글게 놓여 있었다. 나름 플레이팅을 한 것 같은데, 어딘가 엉성해 보여서 귀여웠다. 꾸민다고 꾸몄지만 꾸밈없이 수수한...... 맛도 소박했지만 배가 고파서 다행이었다.

지나간 여행의 에피소드를 사이드 메뉴처럼 놓고서 우리의 식사는 아주 느릿하게 이어진다. 집에서 먹는 듯 편안하다. 시계를 보지 않게 된다. 몇 시가 되었든 문제될 일이 없다. 여기서 우리는 완전히 자유다.

호텔에서 나와 산책을 한다. 굽이굽이 언덕, 좁은 길, 골목과 계단을 구석구석 모험한다. 집들은 바닷가 절벽에 층층이 자리 잡고 있다. 하나도 같은 빛깔의 건물이 없다. 저마다 바다를 바라보는 창문이 있다. 사시사철 드넓은 바다가 집안에 들어오는 그림을 상상해 본다.

독특하고 희귀한 문양의 다양한 공예품이 널린 상점에

이끌리듯 들어간다. 한 손에 쥐어지는 작은 장식품이 눈에 들어온다. 붉은 등껍질을 가진 거북이 가족 세 마리가 나란히 어부바를 하고 있다. 제일 큰 거북이 위에 중간 거북이 위에 작은 거북이. 우리 같지 않아? 이건 운명이잖아! 한국에 데려가면 거실 장식장 위에 올려놓아야지.

 레몬 셔벗을 사 먹으려니 파는 곳이 안 보인다. 택시를 잡으려 할 때 꼭 택시가 안 지나다니듯. 그럼 또 아무거나 사 먹지 뭐. 포지타노에 와서는 휴대폰을 잘 안 하게 된다. 검색할 시간에 몇 발자국 더 걸으며 내 느낌에 운을 거는 편이 낫다. 불확실성에 관대해지는 마음이 행운을 가져다준다. 무엇을 제대로 하려고 애쓰는 건 이곳과 어울리지 않는다.

 슈퍼마켓에서 탄산수와 과일을 산다. 해안도로를 따라 내려온 버스에서 여행객들이 우르르 내린다. 태양이 강하게 내리쬐는 길가에서 나와 그늘로 피신한다. 물을 벌컥벌컥 마시면서 아래 해변을 본다. 여름이라는 글자가 살아 움직이고 있다. 호텔에 들렀다가 다시 나와 물놀이를 하러 갈 것이다.

 초록, 노랑, 주황색으로 알록달록한 파라솔과 썬 베드가 펼쳐진 해변의 한가운데서 바다로 들어갈 준비를 한다. 파랗고 파란 물속으로, 어깨까지 물이 차오를 정도까지 나아간다. 정말 오랜만에 여름 바다에 망설이지 않고 들어간다. 바닷물이 피부에 닿으면 따가워서 들어가지 못했던 기억, 너무 깊고 드넓어 무서워서 발목까지만 담그고는 모래사장에 앉아 구경만 했던 나의 모습을 여기, 이토록 아름다운 바다에 씻겨 보낸다.
 늦은 오후의 햇빛과 파도가 하얗게 부서진다. 바다 속에 있는 기분이 다이아처럼 빛난다.

 해가 지고, 해안가의 집들이 낭만의 불빛을 밝힌다. 짙푸른 하늘의 색과 바다의 색이 비슷해진다.
 과자와 병맥주를 사서 호텔에 들어간다.

 테라스에 앉아서 맥주를 딴다. 캄캄한 가운데 주홍빛으로 물든 포지타노를 꿀꺽꿀꺽 마신다.

우리는 이런 행복을 누리려고 그리도 열심히 사나 봐.

지나온 모든 날 가운데 고된 시절은 이곳에서 역설적이게도 행복이 된다. 아말피 해안의 한밤은 마주보는 우리들의 눈처럼 그윽하다.

생생하고 맑은 기쁨

1

 자연을 오랫동안 바라보고 있으면 사랑받고 있다는 생각이 든다.

 내가 기억하지 못하는 아주 오래전부터 나를 맞이할 준비를 하고 있었구나. 내가 눈을 돌려 바라보고, 발길을 돌려 다가가기만 하면 언제든 마음을 놓고 자유를 느끼게 해주는 구나. 혼자 있고 싶지만 외롭기는 싫은 모순을 이해해서, 세상에서 가장 고요하고 너른 존재로 한 자리에 머물러 주는구나. 자연은 영원히 변하지 않을 작정이라도 한 것처럼 든든하다.

2

8월의 어느 주말, 잠시 서촌에 있는 계곡에 다녀왔다. 물에 발을 담그고 콸콸 흐르는 물소리를 듣고 있는 것만으로 여름을 아주 잘 즐기고 있는 느낌이 들어 흐뭇했다.
 매년 7, 8월 휴가철이 되면 어디론가, 이왕이면 물이 있는 곳으로 놀러가야 한다는 생각에 사로잡히는데, 마음만 따르면 늘 스케일이 커져서 문제다. 가까운 계곡에나 갈까 하다가 그래도 여름엔 바다지! 하면서 지도를 켜 해변을 찾아본다. 그러다 갑자기 제주의 에메랄드 빛 바다가 그리워져 비행기 표를 알아본다. 경비를 계산해보다가 이 돈이면 해외를 가는 게 낫겠다 싶다. 그렇게, 그렇게…… 나는 어느새 지중해에 가 있다. 이 모든 과정을 거치고 나서 다시 처음으로 돌아와 결국 서촌에 간 것이었다.

무척 마음에 드는 한 시간짜리 여름이었다. 아주 작은 폭포의 소리를 녹음했다. 너무 더울 때 에어컨 대신 틀어두려고. 때로는 눈으로 보거나 피부로 느끼는 여름보다 귀로 듣는 여름이 더 시원하다. 잠깐 녹음을 한 뒤에 휴대폰은 가방에 집어넣고 바위에 앉아 계곡의 이모저모를 구경했다. 위에서부터 씩씩하게 쏟아지는 물줄기, 어느 구간에서는 가늘게 흘러내리고, 어디엔가 숨어 있는 매미들이 우는 소리가 귀엽게 들려왔다. 사람들은 다들 발목이나 종아리까지만 물에 담그고 나처럼 주변을 둘러보고 있었다. 무엇을 특별하게 하는 사람은 없었다. 그냥 앉아서 조금은 심심하게 발로 물장구치고, 옆에 있는 사람들과 저녁에 뭐 먹을지 얘기를 나누는 게 다였다. 마음이 편안했다. 자연 속에서는 언제나 있는 그대로 만족하게 된다. 무엇을 더하거나 꾸며내지 않아도 이미 다 가진 것처럼.

3

여섯 살부터 꿈꿔온 이상이 있었다. 눈이 펄펄 내려 온

통 하얗게 덮인 곳에서 마음껏 구르고 뛰어 노는 것! 겨울에 눈이 많이 오는 날이면 얼추 비슷한 분위기가 나기도 했지만 내가 상상하는 완벽한 그림은 아니었다. 그런데 스위스 뮈렌에서 그 꿈나라를 마주했다. 뮈렌은 스위스 알프스 산맥의 3대 고봉인 융프라우, 묀히, 아이거에 둘러싸인 고원지대에 있는 마을이다. 처음 스위스에 갔던 겨울, 라우터브루넨 역에서 출발하는 케이블카와 산악기차를 타고 그곳에 도착하자마자 나는 즉각 황홀감에 휩싸였다. 뮈렌은 내가 그토록 꿈꿔온 '하얀 세상'이었다. 만난 지 얼마 안 된 사람들과 어린 아이처럼 뛰어놀면서 눈싸움을 했다. 눈밭에 푹 파묻혀 누워 있으면서도 춥다는 생각이 들지 않았다. 눈처럼 하얗게, 아무 거리낌 없이 행복했다.

그 후, 여름에는 어떤 모습일까 늘 궁금했다. 7월에 스위스를 다시 찾았다.

뮈렌에 가기 전, 라우터브루넨 역에서 나와 조금 걷자 개운하게 쏟아지는 폭포를 만날 수 있었다. 슈타웁바흐 폭포였다. 라우터브루넨은 빙하의 침식으로 생긴 마을로 72개의 크고 작은 폭포가 있는데, 그 중에서도 슈타웁바흐는 절벽에서 약 300m 아래로 수직 낙하하는 거대한 폭포다. 이곳을 정말 좋아했던 음악가 멘델스존은 삶의 마지막을 시인 괴테와 함께 이 폭포 앞에서 그림을 그리며 보냈다고 한다. 괴테는 폭포에 영감을 받아 <Song of the Spirits over the Waters(물 너머 영혼의 노래)>라는 시를 지었다. 독일어 원문을 찾아 영어로 번역해 읽어보았다. 마음에 와 닿는 구절이 있어 내 방식대로 번역하여 시의 일부를 기록해 본다.

높은 곳에서 흐른다

가파른 바위벽,

맑고 깨끗한 흐름

그 다음 사랑스럽게 먼지를 털어낸다

부풀어 오르는 구름파도 안에서

매끄러운 바위에 맞붙으며

그리고 가볍게 치면서,

베일에 싸여 밀려들며,

속삭임으로,

아래 깊은 곳까지

그리고 흘러내린다
절벽의 탑에 부딪치며
높고, 맹렬한 거품을 일으킨다
끊임없이,
심연으로.

  내가 실제로 보았던 슈타웁바흐 폭포가 아주 잘 묘사되어 있어, 읽으면서 다시 그 앞에 있는 듯한 기분이 들었다. 절벽을 따라 이어지는 바위발코니를 걸어 폭포 가까이에 갔었다. 멀리서 바라볼 때는 시원하고 힘차다고만 느꼈는데, 안으로 다가갈수록 폭포에 삼켜질 것만 같아 무서웠다. 압도되었다는 표현이 정확하다. 우렁차게 떨어지는 물줄기의 소리와 세차게 공중으로 튀어 내려가 아래로 홀연히 사라지는 모습은 인간이 만들어낼 수 없는 감동이었다. 많은 예술가가 왜 이 폭포를 사랑했는지 알 것 같았다.

뮈렌은 눈이 부시게 다채로운 팔레트로 변해 있었다. 하늘, 구름, 산, 폭포, 나무, 꽃, 집, 동물들이 산뜻하게 살아 숨 쉬는 광경. 겨울에 보았던 하얀 세상과는 또 다른 황홀이었다.

"나쁜 일 저지른 사람들은 감옥이 아니라 여기 데려다 놔야겠어!"

범죄자들을 뮈렌의 아름다운 자연 속에서 살게 하면 교화하려는 별다른 노력이 없어도 되겠다, 저절로 마음의 정화를 경험하고 새 인간이 될 것 같은데...... 하는 생각이 들었다. 나는 뮈렌에서 사람을 순수하게 만드는 힘을 느꼈다. 마을에서 오가며 마주치는 모든 이들이 웃음을 띠고 있었다. 비현실적이다! 이 마을은 세상의 온갖 안 좋은 기운을 걸러내는 필터라도 있는 것일까? 따사로운 햇볕에 잠시 미간을 찌푸리더라도 미소는 떠나지 않고, 하늘은 하늘대로 그늘은 그늘대로 즐거움이 되어 주었다.

천천히 산책하다 마을을 둘러싸고 있는 산봉우리들이

한눈에 보이는 곳에 닿았다. 나는 손에 들고 있던 카메라를 넣어두고, 웅장하게 펼쳐진 산수를 바라보았다. 깨끗하고 경이로운 자연의 풍경은 그저 눈으로 보고 감탄해야 할 대상이 아니라, 온몸으로 기억하게 될 행복이었다. 삶의 지난한 과정에 꼭 필요한 생생하고 맑은 기쁨!

위대한 자연의 여유가 느껴졌다. 사람과 달리 자연은 잠잠히 큰 울림을 낸다. 그 앞에 있으니 나도 모르게 겸손해졌다. 보통날의 사사로운 문제를 잊어버리고, 인생을 어떤 마음과 어떤 태도로 살 것인지 생각해보았다. 내가 떠올린 생각이 아니라 눈앞에 있는 자연이 나에게 던진 질문이었다. 나는 자연처럼 소란스럽지 않으면서 묵직한 존재감이 있는 사람으로 살고 싶다고 속으로 대답했다. 그 희망은 자연이 베푸는 사랑, 무조건의 믿음, 한결같은 너그러움을 닮고 싶은 것이기도 했다.

삶의 정체를 느낄 때면 내면 깊은 곳에 새겨진 뮈렌의 자연을 불러낸다. 그날 갖게 된 희망이 나를 키운다. 자연의 묵묵한 사랑을 한없이 받으며 계속해서 자란다. 우리는 평생을 자라나는 존재다.

결국 부산

 매년 부산을 여행한다. 살면서 가 본 도시 중에 서울 다음으로 가장 많이 방문한 곳이기도 하고, 무엇보다 엄마의 고향이라서 친근하다. 우리 가족끼리는 부산을 만만하다고 표현한다. 하도 많이 가서 여행하기에 부담이 없다는 뜻이다.
 여름이니까 부산! 부모님 결혼기념일이 있는 가을에도 부산! 겨울 바다 보러 부산! 봄 날씨가 따뜻하니까 부산!
 한 번도 안 가 본 곳을 여행하자 해놓고 '결국 부산'에 간다. 심지어 다른 도시를 여행하는 도중에 즉흥으로 행

선지를 부산으로 바꾼 적도 있다. 아무런 사전 계획 없이 가도 아무런 불편을 못 느끼는 곳이라 가능한 일이다.

해운대, 남포동 국제시장, 깡통시장, 자갈치시장, 보수동 책방 골목, 광안리...... 이곳들은 이제 길을 다 알 만큼 익숙하다. 이 코스에 기장 아홉산 숲, 송도나 영도 등을 하나씩 포인트로 껴준다. 그럼 그 여행은 충분하다.

우리는 매번 갔던 데를 또 가는 편이고, 신선함을 추구하지만 결국 익숙한 것을 고르는 경향이 있다. 즉흥과 안정 사이에서 설렘을 찾는다. 그렇게 여러 번 갔는데도 희한하게 시간이 지나면 또 가볼까 하는 생각이 드는 곳이 바로 부산이다.

가족 여행을 제외해도 나의 20대 때 국내여행은 거의 부산에 몰려 있었다. 부산은 내가 가장 좋아하는 도시는 아닌데, 여행을 떠나자 했을 때 주저 없이 갈 수 있는 곳이라 자꾸 찾게 되었다. 또, 대학교 학술답사나 일을 위해 방문하는 등 이래저래 부산과의 인연이 많았다.

한낮의 바다에는 너무나도 귀한 젊은 날의 꿈을, 저녁의 바다에는 시시콜콜한 고민을 털어 내던 이들과 나의 지난날들이 아직도 남아 있는 듯하다.

언제든 훌쩍 떠나와도 괜찮은 곳이 마음에 하나쯤 있으면 좋다. 집이 아닌 어디론가 가고 싶을 때, 막연하게, 무작정 찾아갈 수 있는 곳이 시간이 지나면 이야기가 쌓인 나만의 아지트가 될지도.

이번에도 결국 부산.
부산 지하철은 서울 지하철보다 좁다. 앞에 앉은 사람들과의 간격이 가까워서 왠지 대화라도 걸어야만 할 것 같다. 뱃고동 소리와 갈매기가 끼룩끼룩하는 소리가 안내 방송에서 흘러나오면 비로소 부산에 왔음을 실감한다.
여름이구나, 여기 바다가 있어!

빗소리와 키위가 올라간 조각 케이크

 일 년 동안 살았던 네덜란드 브레다를 떠나는 날, 비가 내렸다. 투둑투둑- 투둑투둑- 처음 도착했던 날은 해가 쨍쨍하게 나를 환영했는데, 헤어질 때가 되니 아쉬워서 우는구나. 가끔 날씨에도 인격이 있는 것 같은 착각에 빠진다.

 네덜란드는 비가 자주 오는 나라다. 기분이 절로 좋아질 만큼 화창한 날도 많았지만 하루에도 날씨가 여러 번 바뀌어서 늘 작은 우산을 가방에 가지고 다녔다. 보슬비에도 우산을 펴는 나와 달리 현지인들은 장대비가 아닌 이상 웬만한 비는 그냥 맞고 다녔다. 뭘 이 정도에 우산을 쓰냐는 반응이었다. 자전거 페달을 열심히 밟으며 세찬 빗속을 뚫고 경주하듯 내달리는 현지인들을 보면 신기해서 헛웃음이 났다. 왜 비를 그냥 맞고 다니는지 끝까지 이해하지 못한 채로 일 년이 흘렀다.

내가 살던 방에는 양쪽으로 열 수 있는 통유리 창문이 있었다. 큼지막한 창으로 동네의 풍경이 한눈에 들어와서 바깥 구경을 좋아하는 나에게는 완벽한 쉼의 공간이었다. 맑은 날에는 유난히 가까워 보이는 파란 하늘과 아기자기한 집들이 창문을 가득 채우고 있어 그림동화책을 보는 듯했다. 흐린 날은 우중충한 분위기가 나름 운치 있었다. 괜스레 기분이 다운되기도 했으나 차라리 비가 내리면 좋았다. 창을 뚜드리는 빗소리는 마치 기분을 풀어주려고 옆에서 계속 알짱거리는 수다쟁이 혹은 어디서도 들어본 적 없는 특이한 음악 같았다.

청명한 날은 조용하게 아름답고, 비 오는 날은 요란하게 다정하다. 아름답고 다정한 날들의 연속이었다.

귀국 짐정리를 끝내고 마지막으로 시내를 산책하러 나갔다. 머물다 떠날 날이 정해져 있었지만 평소에 '다음에 둘러 봐야지'하며 구경을 미룬 적도 많았다. 일 년이라는 시간은 길면서도 하루를 알알이 돌아보면 오히려 짧았다. 그 사이에 미루다 놓친 것들이 있다면 짧게라도 눈에 담고 싶었다. 그리고 매일 다녔던 길을 걸으면서 정든 동네와 마음속으로 작별인사를 하고 싶었다.

 그 전에 할 일이 있었다. 거주하던 집의 계약 종료와 퇴거 절차를 밟기 위해 부동산 사무실에 들르기. 계약 서류와 집 열쇠를 반환하고 나니 이곳에서의 생활이 정말 끝났구나 싶어 잠시 마음이 허전했다. 비가 얌전히 추적추적 내리고 있었다.

 여름비로 촉촉하게 젖은 팔켄브뤼흐 공원. 시내에 있는 가장 큰 시립공원이었다. 일주일에 두세 번은 꼭 갔었는데 처음으로 커다란 기념비를 발견했다. 기억을 못 해서 그렇지 분명 이전에 여러 번 지나쳤을 것이다. 자주 갔던 공원인데도 여전히 새로웠다. 추억으로 남겨야지. 그 앞에서 관광객 같은 포즈로 사진을 찍었다. 벌써 그리운 느낌이었다.

생활용품점 HEMA에 갔다. 필요한 물건이 있을 때마다 들렀던 곳이다. 우리나라로 치면 다이소나 모던하우스 같은 곳. 온갖 생필품과 화장품, 문구 등을 파는 잡화점으로 식당과 카페까지 있다. 거기서 키위가 올라간 조각 케이크를 먹었다. 생크림을 바른 시폰 케이크였다. 그때는 몰랐는데 브레다에서 먹는 마지막 음식이었다.

밖에는 현지인들도 우산을 쓸 만큼 거센 비가 내렸다. 상점의 유리창에 부딪치는 빗줄기가 제법 굵었다. 달콤한 케이크의 맛과 거침없는 빗소리가 묘하게 어울렸다. 내가 케이크를 다 먹고 나면 비는 서서히 누그러질 것이었다. 내가 밖에 나가면 비는 아예 그칠 것이었다. 네덜란드의 날씨는 원래 그러니까!

그러나 언젠가, 이 정겨운 빗소리마저 그리울 게 분명했다. 아주 사소한 것이 사소하지 않은 여운을 남기는 법이니.

장마가 시작되면, 여름에 갔다가 여름에 떠나온 그 도시의 빗소리와 키위가 올라간 조각 케이크가 생각난다.

새로운 여름

문장 채집

1

 세상의 모든 존재로부터 문장을 채집한다.
 최초로 잡혀온 미완의 언어들은 오랫동안 묵혀 있다 불쑥불쑥 다시 몸을 내민다. 언젠가 나를 울리는 글이 되려고. 문장으로 태어나기 위해 애쓰는 나의 언어들을 더 깊이 사랑해야지. 나는 약속했다.

2

 아침에 일어나 밥 대신 겁부터 먹었던 날들이 있었다. 좋아하는 맛도 아닌데 매일 먹었다. 소화가 안 되어 밖에 나가 걸었다. 겁을 소화하려면 어떻게 해야 하는지 알고 싶었다. 이 공원에서 저 공원으로, 이 길에서 저 길로, 이 책에서 저 책으로, 헤매다 저녁이 되었다. 그런 날들이 얼마쯤 반복되었다. 스스로 찾고 싶었다. 그렇게 맛이 없는 겁은 대체 무엇으로 만들어진 것인지. 나는 왜 그것을 날마다 먹게 되는지. 파헤치는 데 몰두했다.
 창밖의 변해가는 풍경들이 다 겁으로 보였다.

 어느 기쁜 날, 엄마가 스치듯 말했다.
 "일부러 안 웃어도 돼."

 덩어리진 겁을 쫓으려 온종일 힘주었던 근육이 풀렸다.
 울음은 언제나 웃음보다 자연스럽다.
 우는 얼굴을 참으면 웃는 얼굴도 잃게 된다.

나날이 밝혀지고 있었다. 내가 노력한 만큼. 노트에 낱낱이 적은 겁의 구성요소를 수없이 읽으면서 나는 더 이상 겁을 소화하는 법에 매달리지 않았다. 불안을 위한 불안이 좋아하는 상태에 나를 놔두지 않을 수 있다는 자신감을 느꼈다. 꽉 붙들고 다녔던 미완의 언어들이 나를 강하게 만드는 문장들로 태어났다. 미완의 내가 미래의 나에게 주는 선물이었다.

3

삶은 울퉁불퉁한 기적. 감당할 수 있을 만큼의 축복.

4

인생은 이어지는 선이 아니라 발견되지 않은 섬.
산다는건 표류에 가깝다.
이 섬에서 저 섬으로,
머물다 건너가는 탐험가의 마음으로.

5

변하지 않는 것은 자기 자신을 믿는 힘. 그것뿐이에요.

지난날 내가 얼마나 치열하게 마음을 다하고, 사랑하고, 움직이고, 스스로를 위해 애썼는지를 떠올리는 순간, 현재를 살게 돼요. 현재를 살면서 계속 배우고 깨달을 거예요. 평생.

오직 나에게만 주어진 내 삶을 여행해요. 하루하루 내가 나에게 의미와 가치를 만들어 줄 거예요.
삶이란 그런 여정이에요.

아마 늦은 여름이었을 거야

 산울림의 '아마 늦은 여름이었을 거야'를 듣는데 문득 오래된 장면이 하나 떠오른다.

 때는 더위가 한결 부드러워진 여름의 끝. 20대 초반에 만났던 남자친구와 마주보고 앉아있다. 나는 무슨 이야기를 그렇게 신나게 하는지 모르겠다. 나를 지그시 바라보던 그는 신기하다는 표정으로 이렇게 말한다.

 "지윤아, 너는 미래에 네가 이루고 싶은 꿈을 얘기할 때 눈빛이 진짜 초롱초롱해!"

그때 내 눈이 어떻게, 얼마나 빛나고 있었는지 나는 알 수 없었다. 그리고 여전히, 나의 초롱초롱한 모습을 나는 보지 못한다.

내가 이루고 싶었던 꿈은 어디에 있는지. 한참을 이야기했던 그 미래는 벌써 지나가 버렸는지. 아직 오지 않았는지.

계속 모른 채로 꿈꾸고 싶다. 의식하지 않고 빛나고 싶다.

그 늦은 여름에 떠다니던 자잘한 꿈과 미래는 오래전에 이미 사라지고, 오직 초롱초롱한 미지의 눈빛만이 내 안에 남아있다.

파도처럼 밀려드는 시간 앞에서

 스물다섯 살까지만 해도 '시간이 아깝다'는 생각을 한 적이 없었다. 마치 무한한 시간이 나에게 주어진 것 같았다. 누구를 만나 아무런 목적 없이 몇 시간을 시시껄렁한 수다만 떨어도 즐거웠으면 되었고, 내가 재미를 느끼고 의미 있다 생각하는 일에 즉흥적으로 뛰어드는 게 좋았다. 그 결과가 예상과 다르거나 좋지 않더라도 투자한 시간에 미련을 갖지는 않았다. 내가 후회를 잘 하지 않는 이유는 지나간 일에 아쉬운 감정은 들더라도, 매 순간 늘 최선을 다하려는 나 자신을 알아서, 과거의 나의 선택과 행동을 존중하기 때문이다. 이런 태도는 지금도 그대로인데, 20대 후반부터 시간에 관한 감각이 달라지기 시작했다.

 시간은 날마다 다르게 흘렀다. 어떤 날은 아주 느릿하게 흐물거렸고, 어떤 날은 날렵하게 스쳐갔다. 그러다 서서히 그 경계가 흐려졌다.
 우아하고 평온해 보이는 백조의 발이 수면 아래서는 어울리지 않게 분주히 헤엄치고 있듯이, 나는 알 수 없는 어느 시점부터 생각지도 못한 슬럼프에 빠져 한참을 버둥거리고 있었다. 고민이 문제가 되고, 문제가 미궁이 되고, 미궁 속에서 근본 원인을 스스로 찾기까지 몇 년이 걸렸다. 나의 진로, 일, 주변 환경 등 여러 삶의 요소가 얽혀 있는 이야기다. 지금에야 내가 더 성장하기 위한 과정이었다고 짧게 정리해 보지만, 그 긴 여정은 내가 언젠가는 맞닥뜨려야 할 인생의 복잡다단한 구간이었다.

 막막했던 한바탕의 시기를 지나는 동안 좋은 기회가 찾아왔다. 스물아홉에 한 출판사와 연이 닿아 첫 책을 내게 된 것이다. 그리고 불현듯 결심이 섰다. 아주 오랫동안 흠모해 온 글 쓰는 일을 하며 살기로. 어떤 장르가 되었든 쓰기로. 물론 나는 꿈 부자라서 글을 쓰고 책을 만드는 사람으로만 살진 않겠지만, 나는 내가 결국 나아가야 할 길에 들어섰다고 확신했다. 예전부터 꿈꿔온 일들 중에 가장 잘할 수 있는 일, 조금씩 오래 해나갈 수 있는 일을 선택하니 이 길이 제일이었다. 책은 나에게 꿈꿔도 된다고 말해주는 것 같았다. 기회를 잡고 도전을 하면서 여전히 조급하고 불안하고 아득했지만, 그냥 매일 뚜벅뚜벅 나아가는 데 집중했다.

 나는 보이지 않는 나의 세계를 깨고 있었다. 헤르만 헤세의 《데미안》에 나오는 말처럼, 내 안에서 솟아나오려는 것을 살아보려고 애쓰고 있었다. 하루하루의 페이지가 빠르게 넘어가기 시작했다. 시간의 흐름에 점점 민감해졌다.

 그렇게 인생의 한 챕터가 끝나가고, 새로운 챕터가 열

리고 있음을 체감했다. 공교롭게도 20대에서 30대로 바뀌는 시점이었다. 평소 나이에 큰 의미를 두고 살진 않지만, 폭풍우가 떠난 직후의 평온이 마침 서른에 찾아와 준 것이 신기했다. 이야기 작법 중 5막 구조(발단-전개-위기-절정-결말)에 빗대어 보면, 나의 스물아홉은 위기와 절정의 단계였다. 그 다음 서른이 되는 결말을 맞고, 현재는 새 이야기의 발단에 와 있다.

지난 20대의 이야기는 이제 글이 되고 책에 담겨 살아간다. 누군가의 세상에서 다시 새로이 태어날 것이다. 이야기는 또 다시 이어질 것이다.
지금 그리고 앞으로의 이야기는 나중에 어떤 서사로 기록될까. 지독한 시간을 사랑스럽게 잘 견뎠으니, 비슷한 고난이 또 온다 해도 두렵지 않다.

파도처럼 밀려드는 시간 앞에서, 소중한 모든 것을 용기 있게 감당하기로 마음먹었다.

7월에는 바닷가에 집 한 채를 빌리고

 7월에는 바닷가에 집 한 채를 빌리고, 끝없이 굽이치는 물을 바라보며 흐르는 시간 위에 올라탈 것이다. 아침에는 아침의 파도에, 한낮에는 한낮의 해변에, 저녁에는 저녁의 어스름에 어울리게 지낼 것이다.

 TV 방송 프로그램 <삼시세끼> 어촌 편을 재미있게 봤다. 나도 어촌에서 오로지 세 끼니를 위한 하루하루를 보내고 싶다. 직접 식재료를 구하고, 요리를 하고, 같이 있는 사람들과 맛있게 식사하고, 그릇을 치우고 설거지하는 사이사이에도 자잘하게 많은 일을 해야 할 것이다. 유유자적이 아니라, 오늘 하루에 꼭 필요한 작은 일들을 알차게 해나가는 생활을 그려본다. 한가로우면서도 은근히 바쁘고 싶다.

물빛이 시원한 남해나 동해가 좋겠다. 너무 한적하지 않은 어촌 마을. 아는 사람들만 오는 작은 해변이 있고 낚시 포인트가 걸어서 가까이에 있다면 좋겠다. 가끔 배를 타고 바다낚시를 하러 갈 것이다. 배 위에서 잡은 고기를 바로 회 떠먹고 싶은 나의 오랜 바람을 이룰 것이다.

마당에는 평상과 아궁이가 있고 집은 단층. 주방이나 침실은 크지 않아도 된다. 집은 보름에서 한 달 정도 빌릴 것이다. 바닷가에 집을 짓거나 사는 건 별로다. 바닷가 생활을 오래할 생각은 없는데다, 방치하거나 관리하거나 숙박업을 할 자신도 없다.

거실로 들어가는 미닫이문을 양쪽으로 활짝 열어 두면 가끔씩 시원한 바람이 집안으로 솔솔 불어온다. 거기에 기대어 앉아 수박을 크게 썰어 양손으로 잡고 먹고 싶다.

그러고 나서 쌓아 두고 읽지도 않은 책들을 읽고 싶다. 잠이 온다면 바로 누워 한숨 푹 잘 것이다.

사실 나는 바다에 들어가기를 무서워한다. 수심이 얕은 구간에 있을 때는 괜찮지만, 바닥에 발이 닿지 않으면 두려움에 휩싸인다. 마음만은 헤엄을 멋지게 쳐서 저 바다 한가운데까지 가고, 잠수도 했다가 파도도 타고 싶다. 어릴 적에는 배영도 곧잘 했던 것 같은데 꿈속에서 그랬던 건지, 지금은 수영을 못한다. 얼른 물과 친해지고, 마음만큼 바다에서 잘 놀고 싶다.

바닷가 생활을 하는 동안 도전하고 싶은 일이 있다. 스노클링. 바다 속의 신비를 체험하고 싶다. 예전에 어느 TV 방송에서 스노클링을 하는 영상을 보았는데, 처음에는 단순히 물이 꿀렁꿀렁 하는 소리가 듣기 좋아서 나도 해보고 싶다는 생각을 했다. 그러다 바다 안에 사는 여러 생명체들을 직접 확인해 보고 싶어졌다. 살면서 한 번도 보지 못한 물속의 세상을 구경한 첫날에 쓰는 일기는 아마도 엄청나게 길 것이다.

무언가를 바라는 건 지금과 달라지겠다는 각오와 같다. 무언가를 원하는 마음은 곧 내 안의 빈 곳을 채우겠다는 결심이다.

 나는 그동안 상상 속에만 두었던 나의 모습을 여름 안에서 실현하려 한다. 두려운 일에 애정을 가지고 다가가려 한다. 나는 불가능하다고 여겨온 일에 가능의 힘을 불어넣으려 한다. 그 끝에, 나도 몰랐던 나의 어떤 점들을 발견한다면 좋겠다. 삶은 나 자신을 계속 알아가는 데 의미가 있으니까.

 날마다 조금씩 달라지는 나를 만날 앞으로의 여름이 기대된다.

햇빛 즐기기

1

이상한 여름이 시작되었다.

에어컨 바람을 쐬던 버스에서 내리면, 푹푹 찌는 더위와 숨 막히는 공기에 한순간 답답함을 느끼기 마련인데, 웬일인지 나쁘지 않다. 심지어 기분이 좋아진다. 사람들은 더워서 미간에 인상을 쓰고 부채질을 하지만 나는 이 정도 더위가 딱 알맞다고 느낀다. 나는 이제 더위에 강한 몸이 된 걸까?

　집밖은 위험해! 외출을 자제하라는 경보 문자가 온다. 실내 인간으로 산 지 며칠 째. 창밖의 태양은 멋들어지게 빛난다. 짜릿하게 자신의 기운을 뽐내고 있다.
　하지만 기온이 36도까지 올라가는 폭염이다. 태양광의 '광'은 한자로 '빛 광'이 아니라 '미칠 광'일지도.

2

　영화 <퍼펙트 데이즈(Perfect Days, 2024)>는 엔딩 크레딧이 올라간 후 마지막에 '코모레비'라는 단어에 대한 설명을 한다. 코모레비는 '나뭇잎 사이로 비치는 햇빛'이며 '다시는 오지 않을 지금 이 순간'이라는 뜻을 담고 있다.
　매일 똑같은 것 같은 일상이지만 어느 하루도 같은 날은 없기에, 이 순간에만 느낄 수 있는 것을 소중히 여겨야 한다. 그러면 평범하고 단순한 일상 속에 함께하는 행복의 의미를 알게 될 것이다. 주인공 히라야마처럼.

원고를 쓰고 다듬으면서 내가 어떤 이야기를 하고 싶었는지를 수차례 곰곰이 돌아보았다. 영화가 소개한 코모레비의 메시지와 비슷하다.

나는 당신이 여행자처럼 현재를 걷고, 풍경화처럼 머물다 갈 지금의 순간에 푹 빠지기를 바란다.

3

나는 어릴 적의 희고 붉은 무늬를 통해 성장했다.

힘든 시간은 안 좋은 감정이 증발하면 긍정의 힘이라는 결정체를 남긴다. 나아졌다 나빠지기를 반복하는 몸으로부터 '영원한 것은 없다'는 사실을 깨닫고 '그러므로 고통은 견딜 만한 것'이라는 교훈을 얻었다. 두려움에 지지 않는다는 자신감도 생겼다.

이는 비단 건강뿐 아니라 모든 일에 해당한다. 당장 어떤 문제가 발생하면, 내 안의 근력과 긍정의 힘을 믿고 곧 해소되리라 생각한다. 잘 버텼던 경험은 시간이 지날수록 마음 근력을 더욱 강하게 만들어 준다.

내가 어쩌지 못하는 것 대신 내 힘으로 바꿀 수 있는 것에 집중하기. 나의 힘을 벗어난 일을 직시하기. 그 상태를 있는 그대로 수용하기. 가장 나은 선택지를 가려내기. 좋은 일을 더 좋게 만드는 데 몰입하기. 이러한 일련의 과정이 자기 삶의 최선에 이르는 길이라고 생각한다. 나는 그 최선을 향해 평생 나 자신을 경험하고 알아가는 여정을 즐길 것이다.

지금의 나를 이루는 삶의 소소한 기적과 내 안에 차곡차곡 쌓여 온 사랑 그리고 든든한 나무와 같은 안정의 힘을 소중한 존재에게 나누고 싶은 마음. 내가 아끼는 모든 것을 그러모아, 조금씩 오래 내어주고 싶다.

이 여름, 파도는 내 진심으로 너울거리고, 햇빛은 내가 가진 사랑으로 눈부시게 발산한다.

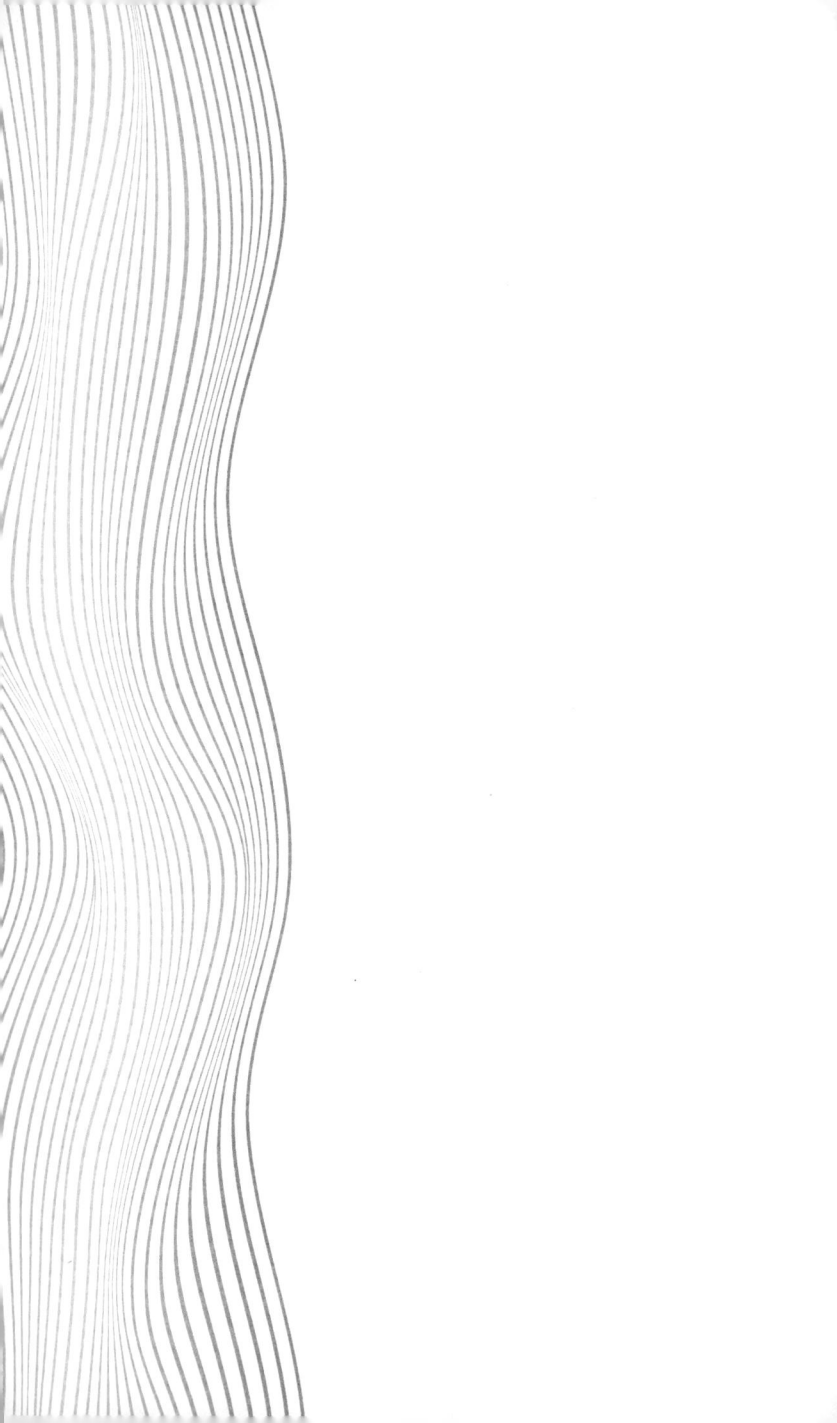

작가의 말

 여름을 조금이라도 사랑하고 싶어서 이 책을 쓰기 시작했습니다. 저에게 여름은 대부분 반갑지 않고 지루하며 때때로 치열한 계절이었기에, 할 수 있는 이야기는 그리 많지 않으리라 생각했어요. 그런데 이렇게 한 권의 책으로 묶고 보니 꽤 오랫동안 여름은 여름만이 남길 수 있는 뜨끈한 흔적 그대로 저를 기다리고 있었던 것 같습니다. 가끔은 제가 먼저 떠올려주기를, 조금 일찍 찾아와주기를 바랐을까요?

지나온 여름의 나날에는 각종의 사랑과 행복 그리고 연약한 모든 것이 살고 있었습니다. 하나씩 쓰다듬으며 느낄 수 있었지요. 단단하다가도 금세 물러지는 마음 안에서, 나의 여름이 찰랑찰랑 흔들리고, 부서지고, 넘쳐흐르려는 것을.

깊은 내면이 모른 척했던 조각들을 끄집어내고 어루만지며 비로소 깨달았습니다. 거리 두기를 하면서도 언젠가는 가까워질 것만 같던 그 여름은 사실 제 자신이었어요. 일 년을 꼬박 채우는 사계절이 나의 전부라면, 그중 하나의 계절은 나의 일부가 되겠지요. 여름은 저를 이루는 어떤 부분이었던 거예요. 나도 모르게 혹은 알면서도 외면했던 나의 구석구석. '여름'이라는 계절을 빌려, 들여다보지 않은 나의 이야기들을 방치했던 셈입니다. 스스로를 비밀에 부치는 기분과 어딘가 비어있다는 느낌에 속아 주면서요. 그러나 더 이상 모르는 척할 수 없게 되었네요. 이미 내 안에 가득 차 물결치는 여름의 존재를 확인했으니.

책의 첫 글에 쓴 "내가 그토록 겨울을 사랑하는 건 가장 나다워지기 때문인지도 모른다"는 문장을 되짚어 봅니다. 가장 나다워지는 데 과연 제철이 있을까요. 여러 계절이 오가는 동안, 내가 나를 편애하는 날들이 있을 뿐이겠지요.

 사철 자기 자신을 아끼며 돌보는 일은 참 어렵습니다. 나의 모서리까지 제대로 바라보고 인정하기, 나에게 주어진 것들을 겸허히 받아들이기, 스스로를 있는 그대로 사랑하기. 나의 모든 점을 완전히 껴안아 보살피는 일은 평생에 걸쳐 단련해야겠지요. 그러다 보면 나의 주변까지 너그럽게 품을 줄 아는, 깊고 넓은 사람이 되어 있을 테고요. 저는 그렇게 믿으며 이 책을 마무리합니다.

 찰랑이는 여름을 함께해준 모든 이에게 고맙습니다.
 이제 말할 수 있어요. 여름을 조금씩 사랑하고 있다고.

2024년 8월
박지윤

부록

여름이 찰랑찰랑

© 박지윤 2024

초판 1쇄 발행 2024년 8월 10일

지은이　　박지윤

펴낸곳　　북보니
펴낸이　　박지윤
출판등록　2021년 2월 5일 제2021-000005호
전자우편　frombookboni@gmail.com
홈페이지　www.bookboni.com
인스타그램 @frombookboni (작가)
　　　　　　@bookboni (출판사)

기획·편집　북보니
디자인　　박지윤
제작　　　이채원
사진　　　진민

ISBN　　　979-11-982490-2-9 03810

○ 이 책의 판권은 지은이와 북보니에 있습니다.
○ 이 책의 모든 내용 및 사진, 일러스트는 저작권법에 의해 보호 받습니다.
○ 이 책 내용의 전부 또는 일부를 재사용하려면 반드시 양측의 서면 동의를 받아야 합니다.